BIBLIOTHÈQUE LEDUC

COURS
THÉORIQUE & PRATIQUE
D'INSTRUMENTATION & D'ORCHESTRATION

A L'USAGE

DES SOCIÉTÉS DE MUSIQUE INSTRUMENTALE

HARMONIES & FANFARES

PAR

TH. DUREAU

PREMIER VOLUME : *Instrumentation.* (B. L. n° 381). Net. **8** fr.

SECOND VOLUME : { *Orchestration. Fanfares...* } (B. L. n° 382). Net. **7** fr.

ALPHONSE LEDUC
(ÉMILE LEDUC, P. BERTRAND ET Cie)
3, rue de Grammont, PARIS

N° 381.

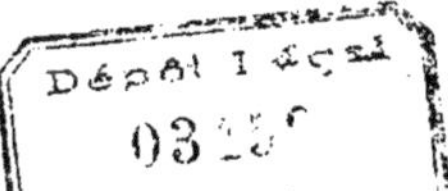

BIBLIOTHÈQUE LEDUC

COURS
THÉORIQUE & PRATIQUE
D'INSTRUMENTATION & D'ORCHESTRATION

A L'USAGE

DES SOCIÉTÉS DE MUSIQUE INSTRUMENTALE

HARMONIES & FANFARES

PAR

TH. DUREAU

PREMIER VOLUME :	*Instrumentation.*	(B. L. nº 381).	Net.	**8** fr.
SECOND VOLUME :	*Orchestration.* / *Fanfares . . .*	(B. L. nº 382).	Net.	**7** fr.

ALPHONSE LEDUC

(EMILE LEDUC, P. BERTRAND ET Cie)

3, rue de Grammont, PARIS

1905

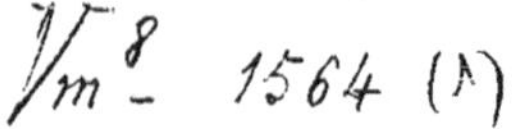

INTRODUCTION

Les deux termes "Instrumentation et Orchestration" en apparence identiques, ont cependant une signification essentiellement différente.

Le mot *Instrumentation*, en effet, s'applique spécialement à la science musicale qui enseigne les lois de la sonorité, du mécanisme et de l'étendue des divers instruments dans l'échelle des sons, du *grave* à l'*aigu*, tandis que par *Orchestration*, on entend l'art de les grouper séparément ou simultanément, suivant leur degré d'expression ou leur caractère, dans une composition présentée sous forme de *Partition*.

A d'autres points de vue, ainsi qu'il sera démontré ultérieurement, on peut admettre que l'instrumentation et l'orchestration se rattachent par des liens étroits, mais qu'il est indispensable d'en faire une étude distincte.

C'est en vertu de ce principe que nous avons divisé ce cours en deux parties principales. La première sera consacrée à la monographie de tous les agents du matériel sonore en usage à notre époque; dans la seconde, il sera traité de leur emploi par groupes séparés ou réunis.

Cette façon de procéder, selon nous, est la meilleure méthode à suivre pour donner au lecteur aussi bien qu'aux jeunes artistes, la conception exacte des éléments nécessaires à la composition ou à la transcription des œuvres destinées à nos sociétés de musique instrumentale, en particulier les *Harmonies*.

Le même mode d'enseignement sera suivi dans une troisième partie réservée aux *Fanfares*.

Les renseignements qui nous étaient indispensables, relatifs à la construction et aux perfectionnements réalisés dans la facture moderne, nous ont été fournis avec une constante bonne grâce par M.M. *Couesnon et Cie*. Nous les remercions bien vivement d'avoir ainsi contribué à l'œuvre que nous avons entreprise pour le développement artistique de nos sociétés de musique instrumentale.

Nous nous associons également à M.M. Emile Leduc, P. Bertrand & Cie, pour témoigner notre gratitude à M.M. les Editeurs qui ont bien voulu autoriser la publication des exemples, extraits d'ouvrages dont ils sont propriétaires.——(M.M.rs *Benoit, Costallat et Cie, Choudens, Durand et Fils, Evette et Schaeffer, Grus, Heugel et Cie, Joubert, Lemoine et Cie, Schott Frères*)

TH. DUREAU

A.L.11,209.(1)

ASSOCIATION DES JURÉS ORPHÉONIQUES

Lettre de M. EMILE PESSARD, *Officier de la Légion d'Honneur, Professeur d'Harmonie au Conservatoire National de Musique, Président de l'Association des Jurés Orphéoniques.*

Cher Monsieur Dureau,

. . . .

Vous publiez enfin le Traité d'Instrumentation et d'Orchestration que vous avez expérimenté, avec un si grand succès, dans le Cours gratuit que vous avez fait, pendant deux ans, aux jeunes compositeurs et aux élèves harmonistes du Conservatoire, désireux d'apprendre à écrire pour les sociétés musicales d'"Harmonies et de Fanfares."

C'est un ouvrage de haute valeur artistique et d'une utilité incontestable, car il est le fruit de la grande expérience que vous avez acquise, d'abord, comme chef de musique d'Infanterie et d'Artillerie, puis en qualité de Directeur-Fondateur de l'Ecole Nationale de musique de Saint-Etienne, et enfin, comme membre de la commission chargée par le Ministre de la guerre, d'examiner les candidats aux emplois de chefs et de sous-chefs de musique de l'armée.

Après avoir étudié, de la façon la plus pratique et la plus complète, l'étendue, les ressources et la partie rationnelle de chaque instrument, l'élève, amené graduellement à connaître le *rapport des voix* avec tous les instruments dont se composent les orchestres d' *Harmonies* et de *Fanfares*, se familiarisera rapidement avec l'emploi des groupes *séparés*, *restreints* ou *simultanés*, et le *coloris musical* par le *mélange des timbres*, d'où résultent la variété, le charme et la richesse de l'orchestration.

Je vous félicite sincèrement, cher ami, de votre belle publication, digne couronnement d'une longue carrière entièrement consacrée à la France, à l'art musical et au développement de nos institutions orphéoniques.

Votre bien affectueusement dévoué

EMILE PESSARD

Lettre de M. HENRI MARÉCHAL, Compositeur,
Inspecteur de l'Enseignement Musical.

Paris, 30 Mai 1905

Mon Cher Dureau,

C'est avec un double plaisir que je vois paraître, enfin, ce beau travail dont nous avons si souvent causé et qui sera si utile à tous —Maître ou élèves— en ajoutant un titre de plus à la haute estime dont vous êtes entouré.

Lorsqu'un artiste a pu s'assimiler des connaissances aussi étendues que les vôtres, ce lui est un devoir de les lier comme une gerbe et d'en faire profiter les autres; vous n'y avez pas manqué, et tous les musiciens ne manqueront pas, non plus, de vous en féliciter d'abord, de vous en remercier ensuite.

Bravo donc, mon cher Dureau; je souhaite de tout cœur que le succès de ce livre si nécessaire, si précieux, vous donne une nouvelle preuve de la sympathie qui s'attache à votre personne et de la considération que mérite toute œuvre signée de vous.

Tout le monde de la musique va vous applaudir; et, si votre modestie habituelle en souffre, vos amis s'en réjouiront, néanmoins, comme je fais, en vous serrant affectueusement les mains.

H. MARÉCHAL

TABLE DES EXEMPLES CITÉS DANS L'OUVRAGE

Auteurs	Œuvres		Nature de l'exemple	Editeurs	Volume	Pages
BEETHOVEN (L.V.)	Symphonie en ut min.	19 mes.	Mélange des Timbres	. . . .	II	13
»	*Egmont*, Ouverture	24 mes.	Grande Fanfare	. . . .	II	60 à 63
BERLIOZ (H.)	*La Damnation de Faust*, Marche Hongroise	17 mes.	Grosse Caisse	*Costallat & Cie*	I	65
BIZET (G.)	*L'Arlésienne*	12 mes.	Saxophone Alto	*Choudens*	I	25
»	»	7 mes.	Transcriptions d'œuvres écrites pour le piano	»	II	22
»	*Carmen*	14 mes.	Clarinette	»	I	17
DELIBES (Léo)	*Lakmé*, Acte II, Entr'acte	8 mes.	Petite Flûte	*Heugel & Cie*	I	6
DUREAU (TH.)	Saint-Georges, Marche Solennelle	10 mes.	Basse Si♭	*Evette & Schaeffer*	I	55
GOUNOD (CH.)	*Cinq-Mars*, Cantilène	15 mes.	Bugle	*Gras*	I	48
»	*Polyeucte*, Ballet	5 mes.	Transcriptions d'œuvres écrites pour le piano	*Lemoine & Cie*	II	19, 20, 21
LALO (E.)	*Le Roi d'Ys*, Aubade	6 mes.	Trombone à coulisse	*Heugel & Cie*	I	44
»	» Suite épisodique	5 mes.	Petit Bugle	»	I	47
MARÉCHAL (H.)	*Daphnis et Chloé*	14 mes.	Grande Flûte	*Gras*	I	8
»	»	9 mes.	Trompette à pistons	»	I	31
MASSENET (J.)	*Hérodiade*	9 mes.	Clarinette Alto	*Heugel & Cie*	I	21
»	»	5 mes.	Baryton Si♭	»	I	53
»	Marche Solennelle	8 mes.	Cornet à pistons	»	I	34
»	»	8 mes.	Trombone à coulisse	»	I	43
»	*Le Roi de Lahore*, Marche Céleste	4 mes.	Alto Mi♭	»	I	50
»	» » » »	4 mes.	»	»	I	51
»	» » » »	6 mes.	Triangle	»	I	66
MENDELSSO[illegible]	*Ruy-Blas*, Ouverture	121 mes.	Grande Harmonie et harmonie moyenne	. . . .	II	25 à 54
MEYERBEER (G.)	*L'Africaine*	8 mes.	Jeu de Timbres	*Benoit*	I	67
»	»	5 mes.	Cuivres en groupe isolé	»	II	14
»	*Les Huguenots*, Ve Acte	11 mes.	Clarinette Basse	»	I	22
»	1re Marche aux Flambeaux	8 mes.	Contrebasse Si♭	*Joubert*	I	57
»	3e » » »	3 mes.	Trompette à pistons	»	I	30
»	*Le Prophète*	3 mes.	Timbales	*Benoit*	I	62
MOZART (W.)	*La Flûte enchantée*	5 mes.	Glockenspiel	. . . .	I	67
PARÈS (Gabriel)	Ouverture Solennelle	12 mes.	Cor anglais	*Lemoine & Cie*	I	11
PESSARD (Emile)	1er Solo de Concours	15 mes.	Trompette à pistons	*Evette & Schaeffer*	I	32
PFEIFFER (G.)	Solo de Concours	5 mes.	Trombone à coulisse	»	I	44
REICHA (A.)	Prélude	14 mes.	Dessins d'orchestre	. . . .	II	15
ROSSINI (G.)	*Guillaume Tell*, Ouverture	10 mes.	Saxophone Baryton	*Gras*	I	27
»	*Sémiramis* »	13 mes.	Cor à pistons	. . . .	I	38
SAINT-SAËNS (C.)	Danse Macabre	6 mes.	Hautbois	*Durand & Fils*	I	10
»	»	8 mes.	Xilophone	»	I	69
»	*Henry VIII*, Fantaisie	13 mes.	Hautbois	»	I	10
»	» Scène IV	16 mes.	Baryton Si♭	»	I	52
SCHUMANN (R.)	Chant du soir	29 mes.	Saxophones	. . . .	II	57
SELLENICK (AD.)	La Bavarde, Polka	17 mes.	Cornet à pistons	*Evette & Schaeffer*	I	35
»	Le Colibri	10 mes.	Petite Flûte	»	I	7
VERDI (G.)	*Rigoletto*, Fantaisie	12 mes.	Clarinette	*Gras*	I	18
»	*Le Trouvère*	10 mes.	Tam-Tam	*Benoit*	I	70
WAGNER (R.)	*Le Crépuscule des Dieux*, [Chant des Filles du Rhin]	33 mes.	Cor à pistons	*Schott Frères*	I	39
»	*Tannhaüser*, Marche	3 mes.	Trompette à pistons	*Durand & Fils*	I	30
»	*La Walkyrie*, Chevauchée	4 mes.	Basson	*Schott Frères*	I	13
WEBER (CH.-M.)	Concerto	8 mes.	Basson	. . . .	I	12
»	*Oberon*, Ouverture	9 mes.	Cor à pistons	. . . .	I	38

A.L. 11,209.

TH. DUREAU

COURS THÉORIQUE ET PRATIQUE

D'INSTRUMENTATION ET D'ORCHESTRATION

A L'USAGE DES SOCIÉTÉS MUSICALES (HARMONIES ET FANFARES)

PREMIÈRE PARTIE

INSTRUMENTATION — HARMONIES

NOTIONS PRÉLIMINAIRES

CHAPITRE PREMIER

§ 1.—La composition normale des orchestres d'"Harmonie" telle qu'elle a été établie au congrès international de la Musique à l'Exposition universelle de 1900, d'après une étude comparée des "Harmonies" françaises et étrangères comprend six groupes ou familles d'instruments.

1º Instruments à souffle et à anches doubles.
2º Instruments en bois à anches simples.
3º Instruments en cuivre à anches simples (Saxophones)
4º Instruments en cuivre à embouchure et à *sons clairs*.
5º Instruments en cuivre à embouchure et à *sons doux*.
6º Instruments à percussion.

En voici la nomenclature complète:[1]

I
- Petite Flûte en Ré ♭
- Grandes Flûtes en Ut
- Hautbois en Ut
- Cor anglais en Fa (*)
- Bassons en Ut
- Sarrusophone Contrebasse en Mi ♭ ou Fa (*)

II
- Petite Clarinette en Mi ♭ ou Fa
- Grandes Clarinettes en Si ♭ ou Ut
- Clarinette Alto en Mi ♭ ou Fa
- Clarinette Basse en Si ♭ ou Ut

III
- Saxophone Soprano en Si ♭ ou Ut
- Saxophone Alto en Mi ♭ ou Fa
- Saxophone Ténor en Si ♭ ou Ut
- Saxophone Baryton en Mi ♭ ou Fa
- Saxophone Basse en Si ♭ ou Ut

IV
- Trompettes en Mi ♭ ou Fa
- Cornets à pistons en Si ♭ ou Ut
- Cors en Mi ♭ ou Fa
- Trombone Alto en Mi ♭ ou Fa (*)
- Trombones Ténors en Ut
- Trombone Basse en Fa (*)

V
- Petit Bugle (Soprano) en Mi ♭ ou Fa
- Bugles (Contraltos) en Si ♭ ou Ut
- Altos (Saxhorns) en Mi ♭ ou Fa
- Barytons (Saxhorns) en Si ♭ ou Ut
- Basses en Si ♭ ou Ut
- Contrebasse en Mi ♭ ou Fa
- Contrebasse en Si ♭ ou Ut
- Contrebasse à cordes (*)

VI
- Timbales (une paire)
- Caisse claire ou roulante
- Grosse Caisse
- Cymbales (une paire)
- Triangle et accessoires

(*) Facultatif

NOTA.— Les modifications proposées au tableau ci-contre ont pour but de ramener les instruments transpositeurs aux seuls tons *d'ut* et de *fa*.

Ne fut-ce qu'un simple *desiratum*, cette indication est utile à retenir; il est incontestable qu'il y aurait là un réel progrès pour la similitude d'écriture entre la *partition d'Harmonie* et celle de *l'Orchestre symphonique*.

[1] Cette nomenclature (le Trombone Alto et le Trombone Basse exceptés) a été élaborée en sous-commission par MM. Vincent d'Indy, président; Lt Colonel Baudot, Th. Dureau, G. Parès, et adoptée en séance publique, le 16 Juin 1900.

Paris, ALPHONSE LEDUC. (Emile Leduc, P. Bertrand & Cie) A.L. 11,209. (1)

VOIX HUMAINE

DIAPASON — ÉTENDUE DES VOIX

§ 2.—Parmi les agents sonores de notre système musical, la voix humaine en est le plus parfait. C'est aussi celui sur lequel on se base pour établir la correspondance exacte des divers instruments dans l'étendue générale des sons.

§ 3.—L'étude des voix est donc indispensable pour en connaître le *diapason*, l'*étendue normale et exceptionnelle*, ainsi que les *clés* en usage dans leur transposition pour chacun des instruments.

§ 4.—Cette étude, en effet, est de tout premier ordre. Si l'on considère que l'orchestration envisagée au point de vue des sociétés instrumentales doit suppléer à l'absence des voix par un choix judicieux des éléments que celles-ci possèdent pour les traduire logiquement et avec goût, on en comprendra toute l'importance.

§ 5.—Suivant leurs qualités distinctes, les voix se divisent en deux catégories principales:

1º Les voix de femmes ou d'enfants.
2º Les voix d'hommes.

§ 6.—La première de ces deux catégories (Voix de femmes ou d'enfants) se subdivise en voix de *soprano* et de *contralto*, la deuxième (Voix d'hommes) comprend le *ténor*, le *baryton* et la *basse*.

§ 7.—Les exemples suivants suffiront pour apprécier d'un coup d'œil et au moyen des *clés comparatives*, leur *diapason*, leur *timbre* et leur *étendue*.

ÉCHELLE DES SONS

1º VOIX DE FEMMES OU D'ENFANTS

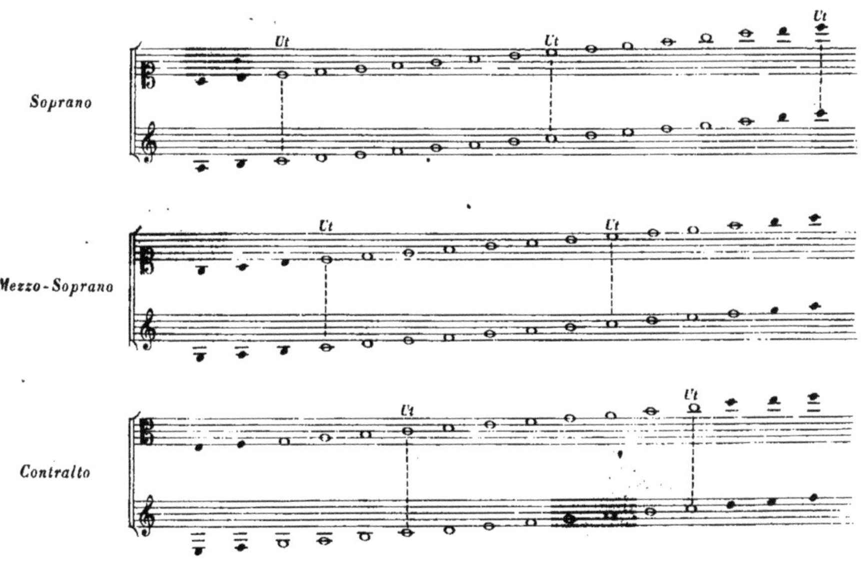

2e VOIX D'HOMMES

NOTA.— L'étendue moyenne des voix est indiquée par des rondes (○); les notes exceptionnelles au *grave* et à *l'aigu*, par des noires (●). On devra remarquer, en outre, que les clés *d'ut* (1re, 3e et 4e ligne) ont été conservées pour les voix de *soprano, mezzo-soprano* et *ténor,* et que, malgré la notation usuelle qui autorise l'emploi de la *clé de sol deuxième ligne* pour chacune de ces voix, on ne doit pas oublier que l'ancienne notation a surtout pour avantage d'éviter toute confusion possible entre la *notation* écrite et le *son réel* correspondant.

MOYENS PROPRES A FIXER LE DIAPASON RÉEL des instruments transpositeurs

§ 8.—Tous les agents du matériel instrumental: *grandes flûtes, hautbois, bassons, trombones, contrebasse à cordes* correspondant au *la* du *diapason normal* forment l'ensemble des instruments en *ut.*

§ 9.— Ils servent de base et de point de comparaison pour établir la tonalité *réelle* de la partition d'harmonie.

§ 10.—Tous les autres sont appelés *transpositeurs* en raison de leur construction en *ré* ♭, *si* ♭, *mi* ♭ ou *fa.* De là l'obligation pour le compositeur, de recourir à l'emploi de *clés supposées* pour les ramener à la *tonalité réelle* représentée par les instruments en *ut.*

Petite Flûte en *ré* ♭ . . . . (Clé supposée) Ut 3e ligne

Instruments en *si* ♭ sur la clé de *sol* . . . (» ») Ut 4e ligne

Instruments en *si* ♭ sur la clé de *fa* . . . . (» ») Ut 3e ligne

Instruments en *fa* sur la clé de *sol* . . . . (» ») Ut 2e ligne

Instruments en *mi* ♭ sur la clé de *sol*. . . . (» ») Fa 4e ligne

Instruments en *mi* ♭ sur la clé de *fa*. . . . . (» ») Fa 3e ligne

§ 10bis.— Le tableau suivant indique le rapport des clés entre les instruments transpositeurs et le diaposon réel correspondant.

RAPPORT DES CLÉS SUPPOSÉES

Désignation des Groupes	Désignation des Instruments	Tonalité des Instruments	Clés supposées pour la transposition	Notation écrite	Diapason réel correspondant	Effet produit par la transposition
I	Petite Flûte	Ré ♭	UT 3e ligne			une Neuvième mineure plus haut.
	Cor anglais	Fa	UT 2e ligne			une Quinte juste plus bas.
	Sarrusophone (Contrebasse)	Mi ♭	FA 3e ligne			une Sixte majeure plus bas.
II	Petite Clarinette	Mi ♭	FA 4e ligne			une Tierce mineure plus haut.
	Grande Clarinette	Si ♭	UT 4e ligne			une Seconde majeure plus bas.
	Clarinette Alto	Mi ♭	FA 4e ligne			une Sixte majeure plus bas.
	Clarinette Basse	Si ♭	UT 4e ligne			une Neuvième majeure plus bas.
III	Saxophone Soprano	Si ♭	UT 4e ligne			une Seconde majeure plus bas.
	Saxophone Alto	Mi ♭	FA 4e ligne			une Sixte majeure plus bas.
	Saxophone Ténor	Si ♭	UT 4e ligne			une Neuvième majeure plus bas.
	Saxophone Baryton	Mi ♭	FA 4e ligne			une Sixte majeure plus bas.
	Saxophone Basse	Si ♭	UT 4e ligne			une Neuvième majeure plus bas.
IV	Trompette	Fa	UT 2e ligne			une Quarte juste plus haut.
	Trompette	Mi ♭	FA 4e ligne			une Tierce mineure plus haut.
	Cornet à pistons	Si ♭	UT 4e ligne			une Seconde majeure plus bas.
	Cor à pistons	Mi ♭	FA 4e ligne			une Sixte majeure plus bas.
	Cor à pistons	Fa	UT 3e ligne			une Quinte juste plus bas.
	Trombone Alto	Mi ♭	FA 4e ligne			une Sixte majeure plus bas.
	Trombone Basse	Fa	UT 1re ligne			une Quinte juste plus bas.
V	Petit Bugle (Soprano)	Mi ♭	FA 4e ligne			une Tierce mineure plus haut.
	Bugle (Contralto)	Si ♭	UT 4e ligne			une Seconde majeure plus bas.
	Altos (Saxhorns)	Mi ♭	FA 4e ligne			une Sixte majeure plus bas.
	Baryton (Saxhorn)	Si ♭	UT 4e ligne			une Neuvième majeure plus bas.
	Basse (Saxhorn)	Si ♭	UT 3e ligne			une Seconde majeure plus bas.
	Contrebasse	Mi ♭	FA 3e ligne			une Sixte majeure plus bas.
	Contrebasse	Si ♭	UT 3e ligne			une Neuvième majeure plus bas.

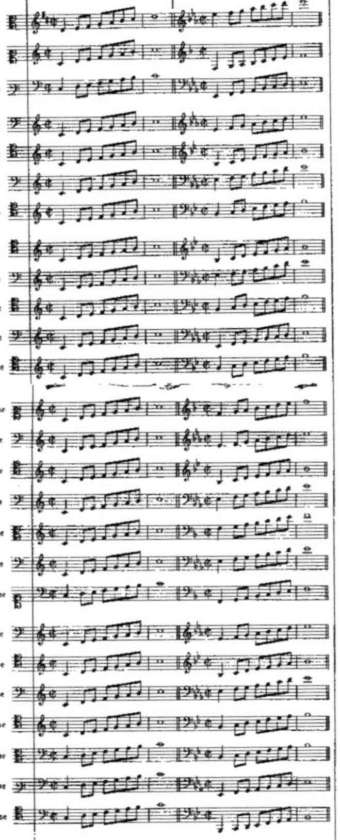

CHAPITRE II

MONOGRAPHIE DES INSTRUMENTS

(1er GROUPE)

INSTRUMENTS A SOUFFLE ET A ANCHES DOUBLES

1º PETITE FLÛTE en RÉ ♭

§ 11.—La *petite flûte* (en italien *ottavino*, en allemand *kleine flöte*) est construite en *ré* ♭ sur le modèle de la grande flûte en *ut* dont elle a l'étendue. Elle s'entend à l'*octave supérieure* de sa notation et s'écrit sur la clé de *sol* 2me ligne.

§ 12.—L'échelle des sons de la *petite flûte* parcourt *deux octaves et une sixte mineure* qui se divisent en trois registres différents.

Voici son étendue complète:

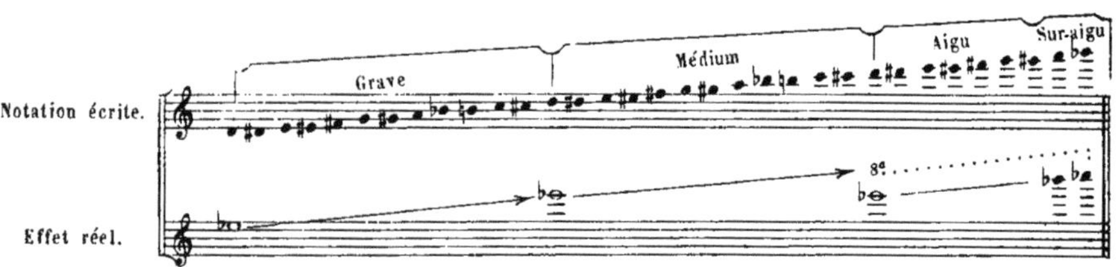

§ 13.—Le timbre de la *petite flûte* est aigu et perçant. Son emploi dans la musique militaire est d'un usage excellent, il accentue le rythme et donne du mordant aux passages rapides qui lui sont confiés, mais il exige des précautions sans lesquelles on s'exposerait à donner une couleur vulgaire à l'effet général de l'ensemble instrumental, surtout dans les œuvres de musique symphonique où le rôle de la *petite flûte* est relativement restreint.

§ 14.—Dans les orchestres d'Harmonie, elle augmente la sonorité en redoublant à une ou plusieurs octaves les parties de *grande flûte*, de hautbois et de *grandes clarinettes*. Tous les tons lui sont accessibles.

§ 15.—Le mécanisme de la *petite flûte*, tel qu'il existe depuis les perfectionnements obtenus par la facture moderne, lui rend facile l'exécution des traits rapides, chromatiques et diatoniques, les trilles les plus brillants, les fusées, les bruits stridents, etc. en un mot, elle se prête aux combinaisons les plus variées avec les instruments de toute nature sans en excepter les instruments à percussion.

§ 16.—Les exemples sont nombreux où les compositeurs ont donné cours à leur imagination pour dépeindre avec la petite flûte les sensations les plus suggestives, soit la joie, la fureur, les sifflements de la tempête, soit aussi pour donner un cachet particulier aux marches antiques, aux danses exotiques, soit enfin par l'emploi de deux petites flûtes tel que l'a compris LÉO DELIBES dans son opéra **Lakmé**.

LÉO DELIBES— *Lakmé*, Acte II (Entr'acte) Publié avec l'autorisation de MMrs H. HEUGEL et Cie, Ed.-Propriétaires.

§ 17.—Comme *soliste*, la *petit flûte* est plutôt destinée à faire briller les artistes dans les morceaux de musique légère: rondos, valses, airs de danse, etc.

AD. SELLENICK— *Le Colibri.* Publié avec l'autorisation de MM.rs EVETTE et SCHAEFFER, Ed.-Propriétaires.

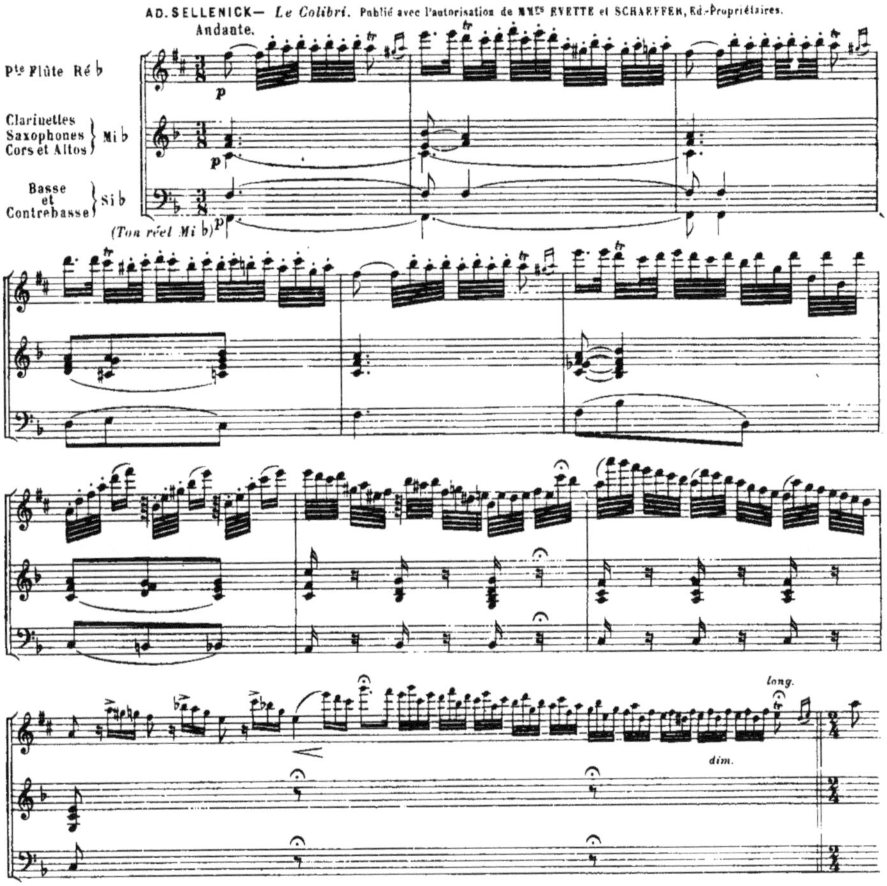

Andante.

Pte Flûte Ré ♭

Clarinettes Saxophones Cors et Altos } Mi ♭

Basse et Contrebasse } Si ♭

(Ton réel Mi ♭)

long.

dim.

NOTA.— Dans les *soli* de *petite flûte*, il convient de choisir de préférence les tons favorables à son mécanisme; ex: *ut, ré, sol, la, mi* majeurs, en notation écrite; soit pour l'oreille: *ré♭, mi♭, la♭, si♭, fa.*

EXERCICE

Remplir la partie inférieure du fragment suivant en indiquant le ton correspondant au diapason réel.

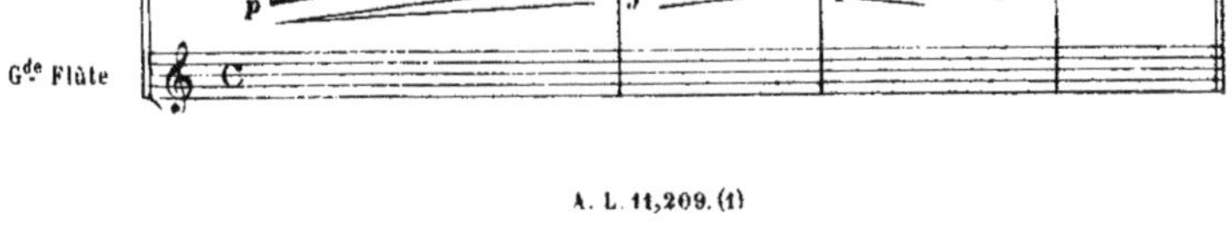

2° GRANDE FLÛTE en UT

§ 18.—La *grande flûte* (en italien *flauto* en allemand *flöte*) autrefois en bois d'ébène ou de grenadille est remplacée avec avantage par la flûte en métal du système Bœhm.

§ 19.—De même que la *petite flûte*, son mécanisme perfectionné la rend propre à l'exécution des traits rapides, chromatiques et diatoniques, liés ou détachés, tous les trilles à l'exception de ceux-ci:

§ 19bis.—Les notes répercutées du double *coup de langue*, et même les *tremolos*, sont aujourd'hui d'un usage assez fréquent.

Voici son étendue complète correspondant au *la* du diapason normal.

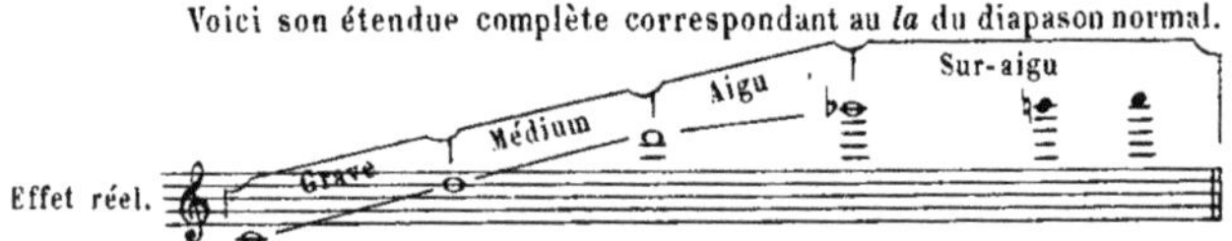

(Avec tous les degrés chromatiques et diatoniques)

§ 20.—D'un timbre doux, poétique et charmant, la *grande flûte* convient à tous les styles.

Sa sonorité est faible si on la compare à celle des cuivres. On doit reconnaître cependant qu'elle produit les plus heureux effets dans ses combinaisons avec le *hautbois*, la *clarinette* et même le *bugle solo* dans une transcription de l'orchestre symphonique pour «Harmonie».

§ 21.—Par un accouplement raisonné de la *grande flûte* jouant à la double octave avec le *cor anglais*, le *basson*, les *saxophones alto* et *ténor*, le *cor solo*, le *baryton* en si♭, on obtient des effets aussi imprévus que captivants.

§ 22.—La partition de l'orchestre d'harmonie comprend deux parties de *flûte*, quelquefois trois dont une pour les *soli*. Dans ce dernier cas, elle est apte à se jouer de toutes les difficultés d'exécution et de virtuosité. On peut s'en convaincre par la lecture des *concertos* et autres compositions écrites spécialement pour cet instrument qui, parait-il, a été connu de toute antiquité; mais c'est surtout dans le genre bucolique ou pastoral que la flûte est inimitable.

H. MARÉCHAL— *Daphnis et Chloé*. Publié avec l'autorisation de Mr L. GRUS, Ed.-Propriétaire.

NOTA.– La *flûte tierce* en mi♭ est identique à la *grande flûte* pour l'étendue et le doigté; on l'emploie quelquefois comme intermédiaire entre celle-ci et la *petite flûte*, ou pour atténuer la sonorité un peu grêle de la *petite clarinette* dans le registre aigu.

3° HAUTBOIS en UT

§ **23.**–Le *hautbois* moderne dit *hautbois français*, possède un mécanisme ingénieux qui lui permet de prendre une part active, et dans tous les genres, à l'exécution des œuvres de musique d'ensemble.

§ **24.**–Dans les passages reconnus difficiles, le *hautbois* Bœhm semblerait lui être supérieur, mais à l'usage, il a été démontré que ce serait aux dépens de la pureté du son, et c'est la raison que les artistes ont invoquée pour adopter définitivement le hautbois du système Triébert perfectionné et augmenté, au *grave*, de la note si ♭.

Voici son étendue complète:

(Avec tous les intervalles chromatiques et diatoniques)

(*) Les paroles du poème sont reproduites dans ce fragment pour indiquer le caractère de son interprétation.

§ 25.— Parlant de ce délicat instrument, F.A.GEVAËRT, dans son traité d'orchestration, l'apprécie en ces termes:

« Avec son timbre mordant, le hautbois ne passe jamais inaperçu dans l'orchestre; lorsqu'il se dé-« tache de l'ensemble, le caractère expressif de sa sonorité captive immédiatement l'attention de l'audi-« teur. Aucun autre instrument n'exprime un réalisme qu'il est capable d'exprimer.

« Comme élément pittoresque d'une composition symphonique au théâtre, le hautbois rappelant « la musette des pâtres, fait passer devant notre imagination une sensation de gaité rustique. Com-« me interprête immédiat d'un sentiment, surtout d'un sentiment féminin, le hautbois est un des « organes le plus précieux de l'instrumentation dramatique. . . . .

§ 26.— Le timbre du hautbois, à la fois naïf, agreste ou tendre convient dans les morceaux d'un mouvement modéré, tel son emploi dans les *soli* de la *symphonie pastorale* de BEETHOVEN, notamment l'allegro $\frac{3}{4}$ (réunion joyeuse des villageois) Dans l'exemple suivant, il donne l'impression du charme inspiré par le poème.

Publié avec l'autorisation de MM.rs A. DURANT et Fils, Éd.-Propr.

§ 26bis.— Dans la célèbre *Danse Macabre* du même auteur, ce passage descriptif d'un effet saisissant est à citer:

Hautb. solo. — Cors Mi♭ — *f* — *pp*

§ 27.— Essentiellement mélodique, le *hautbois* est le plus souvent employé comme tel. En orchestre, il s'écrit à deux parties distinctes qui concourent avec les *flûtes* pour les traits et les tenues d'harmonie dans les positions élevées, mais c'est principalement dans les dessins d'orchestre et le mélange des timbres que s'affirment les précieuses ressources qu'il offre aux compositeurs.(*)

(*) On a longtemps contesté l'opportunité du *hautbois* dans les orchestres d'harmonie sous prétexte qu'il disparaissait dans la masse instrumentale des clarinettes, des saxophones et des cuivres. Des artistes et non des moins qualifiés, ont émis à ce sujet des opinions bien arrêtées en se prononçant pour son rejet pur et simple. D'autres, au contraire — les plus nombreux — ont conclu à son maintien absolu, et à juste titre, il est aujourd'hui prouvé que le *hautbois* ajoute à la sonorité générale une saveur nouvelle et que son timbre particulier le rend propre aux combinaisons multiples d'une partition bien ordonnée.

4º COR ANGLAIS

§ **28.**—Le *cor anglais* (en italien *corno inglese*, en allemand *englisches horn*) est proprement dit le *contralto* du *hautbois* auquel, du reste, il est semblable pour l'étendue et le doigté.

Il est construit en *fa* et s'écrit à une seule partie sur la clé de sol 2º ligne.

(Avec tous les intervalles chromatiques et diatoniques)

§ **29.**—Le *cor anglais*, comme on voit, sonne à la *quinte juste* au-dessous du hautbois. Il convient surtout à l'expression des sentiments de tristesse et de mélancolie.

Le *solo* de l'ouverture de **Guillaume Tell** (G. ROSSINI) est le meilleur exemple à suivre pour l'étude de son caractère et de son emploi.

Le grand *solo* de **Manfred** (SCHUMANN), sans accompagnement, doit être également cité en raison de son importance.

NOTA.—Ce bel instrument est néanmoins considéré comme "facultatif" dans les orchestres d'harmonie à cause de son prix élevé et de la rareté des artistes qui en jouent.

GABRIEL PARÈS—*Ouverture solennelle.* Publie avec l'autorisation de MM.rs H. LEMOINE et Cie Ed.-Propriétaires.

NOTA.—A citer en particulier le célèbre solo (sans accompagnement) qui commence le 3º Acte de *Tristan et Yseult* de R. WAGNER.

EXERCICE

Ecrire les notes de la tonalité correspondante sur la portée inférieure avec indication des accidents nécessaires à l'armure.

5º BASSON

§ **30.**—Le *basson* (en italien *fagotto*, en allemand *fagott*) appartient, comme le *hautbois* et le *cor anglais* à la famille des instruments à anche double du système Triébert.

Il est construit en *ut*, et correspond dans toute son étendue (trois octaves et demie) au diapason réel.

§ **31.**—Il s'écrit sur la clé de *fa* 4me ligne pour les sons *graves* et *moyens*, et sur la clé d' *ut* 4me ligne pour les notes élevées.

(Avec tous les intervalles chromatiques et diatoniques)

§ **32.**—Le timbre du *basson*, solennel et grave, doux et plein dans son médium, est d'une utilité incontestable en harmonie, sa sonorité spéciale unie à celle des saxophones donne l'illusion à peu près complète des violoncelles jouant à l'unisson.

§ **33.**—Les sons aigus du basson sont expressifs, mais il n'en faut user que modérément, excepté pour la transcription littérale d'un effet voulu.

§ **34.**—L'emploi du *basson* en Harmonie, sensiblement le même qu'à l'orchestre symphonique, consiste à soutenir les instruments similaires dans les accompagnements et les tenues.

Il peut jouer dans tous les tons; cependant, en tant que *soliste*, il est prudent de s'abstenir de traits rapides et de trilles d'une exécution difficile.

§ **35.**—La partition d'Harmonie comprend deux parties différentes qui redoublent à l'unisson les instruments en *si* ♭ et en *mi* ♭ du diapason réel correspondant, tels que les *saxophones* (*ténor* et *baryton*) auxquels on joint le *saxophone alto* dans les passages élevés, ainsi que les instruments du groupe V: *baryton et basse en si* ♭. (1)

NOTA.— Ce *solo* est à étudier dans son entier. Il offre cette particularité qu'il embrasse toute l'étendue de l'instrument, du *grave* à *l'aigu*.

§ **36.**—Les trilles au-dessous du fa grave (fa) et au-dessus du fa aigu (fa) doivent être évités.

Les suivants sont proscrits

(1) A la page 58 sur l'emploi des instruments "facultatifs" il sera fait mention du contrebasson, de son utilité et de ses qualités distinctives.

NOTA.– Pour mémoire et à titre documentaire, voici un curieux passage où l'on rencontre un emploi ingénieux de trois bassons que l'on pourrait transcrire à trois parties en divisant les saxophones.

(LE MÊME pour HARMONIE)
Transcription par TH. DUREAU

6° SARRUSOPHONE CONTREBASSE en MI ♭ (*)

(*) Voir instruments facultatifs (Page 58)

CHAPITRE III

INSTRUMENTS A ANCHE SIMPLE

(2e GROUPE)

CLARINETTES

§ **37.** – Les clarinettes forment une famille ainsi composée:

1° – La petite clarinette en mi ♭;
2° – La grande clarinette en si ♭;
3° – La clarinette alto en mi ♭;
4° – La clarinette basse en si ♭.

§ **38.** – La *grande clarinette* en si ♭ est le type par excellence de cette famille d'instruments qui, réunie, constitue un groupe homogène à l'instar du *quatuor à cordes*.

L'étude de chacun de ces instruments fera comprendre son importance pour la *transcription* rationnelle ou l'*arrangement* d'une œuvre musicale quelle qu'elle soit.

NOTA. – On devra remarquer tout d'abord que les *clarinettes*, quoique d'un type différent, sont identiques au point de vue du mécanisme et du doigté.

1° PETITE CLARINETTE en MI ♭

§ **39.** – La *petite clarinette* (en italien *clarino*, en allemand *kleine klarinett*) est construite en mi ♭ d'après le système Bœhm perfectionné.

Elle s'écrit sur la clé de *sol* et résonne une quarte juste au-dessus de la clarinette en si ♭, c'est-à-dire une tierce au-dessus du diapason réel.

Voici son étendue complète:

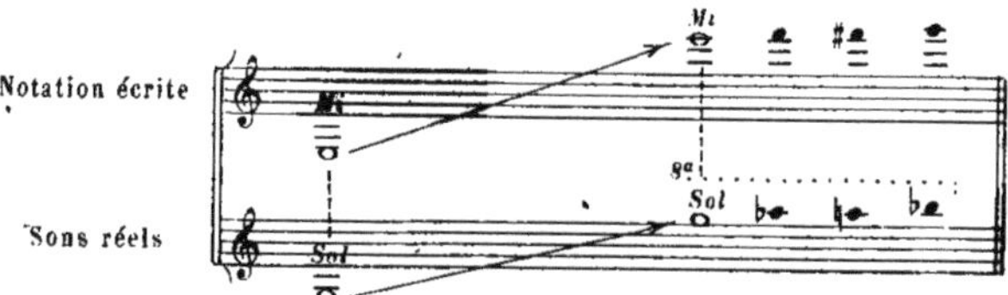

(Avec tous les intervalles chromatiques et diatoniques)

§ **40.** – Comme toutes ses congénères, la *petite clarinette* possède trois registres de timbre et de caractère différents: le *chalumeau*, le *clairon*, l'*aigu*. (Voir grande clarinette)

(Avec tous les intervalles chromatiques et diatoniques)

§ **41.** La mauvaise qualité de son des trois dernières notes du *chalumeau* peut être corrigée par un artiste habile; celui-ci peut aussi vaincre la difficulté d'émission des sons aigus du 3me registre; mais il importe de les réserver pour les *ff* et les *tutti*.

§ **42.** C'est principalement dans la musique militaire que la petite clarinette trouve son véritable emploi.

§ **43.** Dans le *grave* du *chalumeau*, elle accentue les passages de *grande clarinette* et en modifie les sons défectueux. Dans son registre *aigu*, elle est de toute nécessité pour compléter les traits de violon dans les notes élevées que la *grande clarinette* ne peut atteindre.

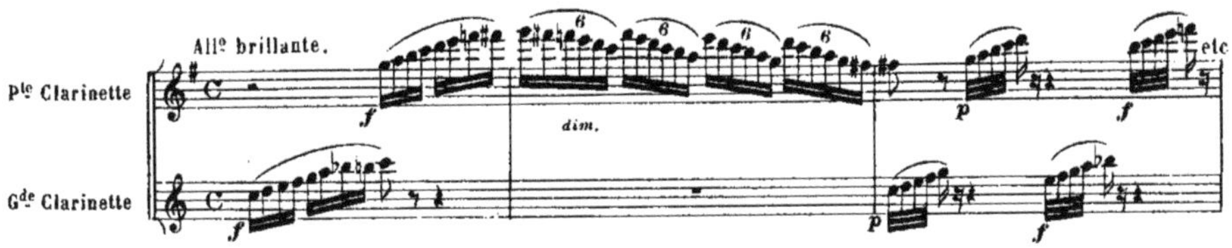

§ **44.**—Quand nous aurons dit que les traits les plus rapides, les batteries, les arpèges et même les *trémolos* lui conviennent parfaitement, il sera aisé d'apprécier la *petite clarinette* dans ses ressources multiples et les avantages qu'elle offre aux compositeurs pour l'établissement d'une partition d'"Harmonie."

§ **45.**—Deux *petites clarinettes* sont nécessaires pour équilibrer la sonorité du jeu de clarinettes. Quatre valent mieux dans les grandes sociétés instrumentales lorsqu'il est possible de les réunir.

§ **46.**—Les *soli* de *petite clarinette* sont assez rares mais non sans intérêt lorsqu'ils sont confiés à des artistes capables de faire valoir les nombreuses qualités de cet instrument.

EXERCICE

Remplir la portée *supérieure* en indiquant l'armure correspondant à l'*effet réel* et celle qui convient au 2e motif pour en faciliter la lecture.

2º GRANDE CLARINETTE en SI ♭

§ **47.**—La *grande clarinette* (en italien, *clarinetto*, au pluriel *clarinetti;* en allemand, *klarinett*, au pluriel *klarinetten*.) est construite en si ♭; ce qui veut dire qu'elle s'entend à la *quinte inférieure* de la *petite clarinette* et à la *seconde majeure inférieure* du diapason en *ut* de l'orchestre symphonique.

L'exemple suivant fera connaître leur rapport exact entre la *notation écrite* et le *ton réel* correspondant.

§ **48.**—La *clarinette* en *si* ♭ s'écrit sur la clé de *sol* et parcourt près de quatre octaves du *grave* à l'extrême *aigu*.

Voici son étendue complète:

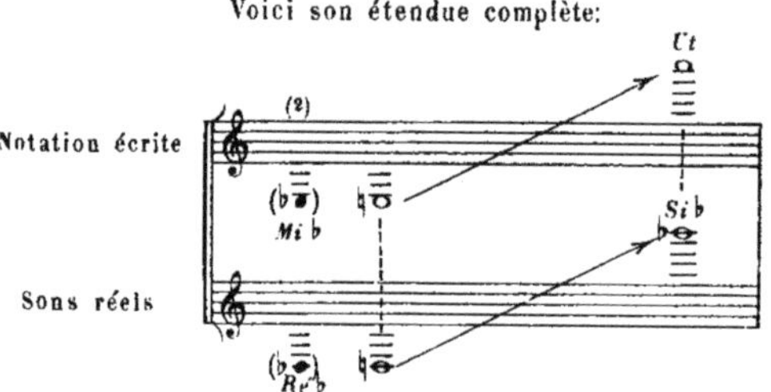

(Avec tous les intervalles chromatiques et diatoniques)

§ **49.**—L'étendue normale de la *clarinette* en *si* ♭ divisée en trois registres (Voir page 14 § 37.) est la suivante:

(Avec tous les intervalles chromatiques et diatoniques)

---

(1) Voir page 4 pour l'emploi des clés supposées.

(2) Le mi♭ grave ne s'obtient qu'à l'aide d'une clé récemment inventée. Il est prudent de s'en abstenir jusqu'à ce que son emploi s'en généralise.

§ **50.**—Le mécanisme perfectionné des clarinettes permet d'aborder les modulations les plus osées, telles qu'on les rencontre fréquemment dans la musique moderne, et de jouer dans tous les tons et dans tous les styles. Toutefois, en "Harmonie," il est préférable de choisir, autant que possible parmi les tonalités les plus favorables pour l'instrumentiste, par exemple, en *majeur: si ♭, fa, ut, ré, sol;* en *mineur: ut, sol, ré, la, mi.*

NOTA.—On doit éviter les trilles, les battements et les successions rapides sur les notes suivantes:

A partir du mi ♮ les mêmes prescriptions doivent être observées avec plus de rigueur encore.

§ **51.**—Dans les partitions d'"Harmonie" les *clarinettes* se divisent en trois parties ayant chacune leurs fonctions distinctes.

1º La *clarinette solo* (conjointement avec la petite clarinette) est spécialement destinée à la transcription des 1ers violons de l'orchestre;

2º Les *premières clarinettes* qui ont la double mission de renforcer la *clarinette solo* dans les traits d'une étendue moyenne et de s'adjoindre aux *deuxièmes clarinettes*, divisées elles-mêmes en deux parties;

3º Les *deuxièmes clarinettes* dont le rôle consiste à remplacer les seconds violons et altos du quatuor symphonique.

§ **52.**—Le *trémolo* (clarinettes réunies) est aujourd'hui d'un usage courant, grâce à l'initiative d'artistes soucieux de mettre à profit cette heureuse innovation. En voici une application des plus intéressante:

G. BIZET — *Carmen* (Transcription par *Th. Dureau.*) Publié avec l'autorisation de Mr CHOUDENS Ed.-Propriétaire.

§ 53.— De plus, on sait que dans son emploi comme *soliste*, la *clarinette* en *si* ♭ est l'un des instruments les plus privilégiés par ses qualités d'expression et de virtuosité. Une simple lecture du fragment suivant en fournira la meilleure preuve.

§ 54.—En un mot et sans qu'il soit nécessaire de s'étendre davantage sur les qualités exceptionnelles de la *grande clarinette* en *si* ♭, le plus parfait des instruments de l'"Harmonie," nous conseillons aux élèves de s'inspirer des nombreux exemples de son emploi dans les œuvres de musique ancienne et moderne.

EXERCICE

Remplir la portée inférieure dans le ton correspondant à l'effet réel du diapason normal.

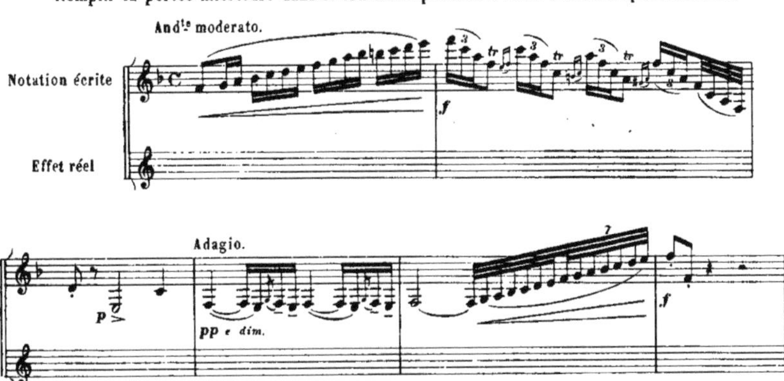

(1) La *clarinette* en *la* n'est pas en usage en "Harmonie" Construite un demi-ton plus bas que la *clarinette* en *si* ♭, elle convient plutôt à l'orchestre symphonique, pour la transposition des tonalités difficiles. Pour son étendue, voir page 15 §§ 42 et suivants

3º CLARINETTE ALTO

§ **55.**—La *clarinette alto* est construite en *fa* pour l'orchestre symphonique, en *mi* ♭ pour l'"Harmonie," d'après le système adopté pour la *petite* et la *grande clarinette* et s'écrit également sur la clé de *sol* 2me ligne.

Son étendue normale et exceptionnelle dans ses trois registres, est la suivante:

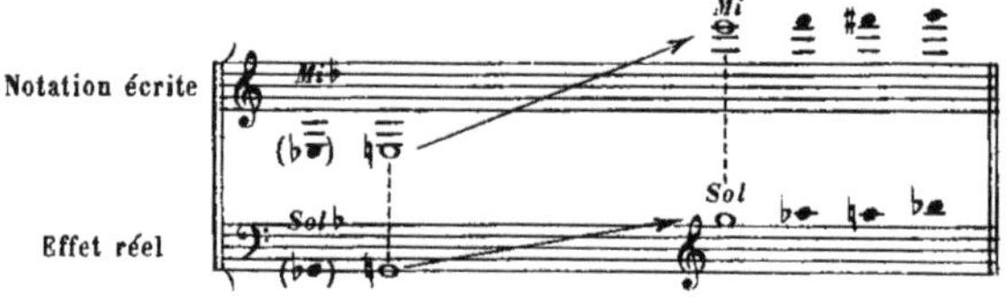

(Avec tous les intervalles chromatiques et diatoniques)

§ **56.**—Quoique d'étendue et de tonalité identiques, la clarinette alto s'entend à *l'octave inférieure* de la petite clarinette.

§ **57.**—Pour la ramener au diapason réel, il suffira de lire en clé de *fa*.

§ **58.**—Elle correspond à la *clarinette* en *si* ♭ en supposant la clé d'ut 2e ligne.

§ **59.**—La *clarinette alto* en *fa* ou "*cor de basset*" (1) en raison de son caractère grave et digne, aussi bien que pour sa grande étendue, ajoute un charme nouveau à l'expression musicale.

En harmonie, la *clarinette alto* (mi ♭) d'étendue et de doigté identiques, se joint utilement aux *2des clarinettes*, ainsi qu'aux *saxophones alto* et *ténor*, pour l'exécution des tenues ou des traits à l'unisson remplaçant les instruments à cordes: *altos* et *violoncelles*.

(1) Nom que l'on donnait autrefois à la *clarinette alto* qui alors était construite en *Fa*; correspond au *cor anglais* pour la *notation* et le *ton réel*.

§ **60.**—Dans un *solo* d'orchestre, son effet est plus captivant encore; on en a de nombreux exemples dans les ouvrages de nos compositeurs modernes. Son usage dans les musiques d'Harmonie est encore très restreint, le prix élevé de sa fabrication en est la cause. On peut espérer toutefois que dans un avenir prochain, des conditions plus abordables permettront à nos sociétés instrumentales de s'imposer les sacrifices nécessaires pour en propager l'emploi.

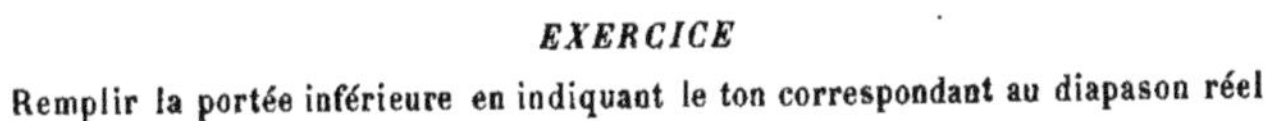

EXERCICE

Remplir la portée inférieure en indiquant le ton correspondant au diapason réel

4º CLARINETTE BASSE

§ **64.**—La *clarinette basse* (en italien *clarone,* en allemand *bass klarinette*) complète le *quatuor* de la famille des clarinettes.

Construite en si ♭, elle résonne à l'octave inférieure de la *grande clarinette* en si ♭ et correspond au diapason en *ut* à la *neuvième majeure* au-dessous de la *notation écrite.* (Voir page 4-5)

§ **62.**—La *clarinette basse* s'écrit sur la clé de sol (?) et quelquefois sur la clé de fa dans ses notes *graves.*

§ **63.**—Son étendue chromatique et diatonique, dans ses trois registres, est semblable à celle de la clarinette alto, sous la réserve des sons extrêmes dont il est prudent de s'abstenir au-dessus de l'*ut aigu*

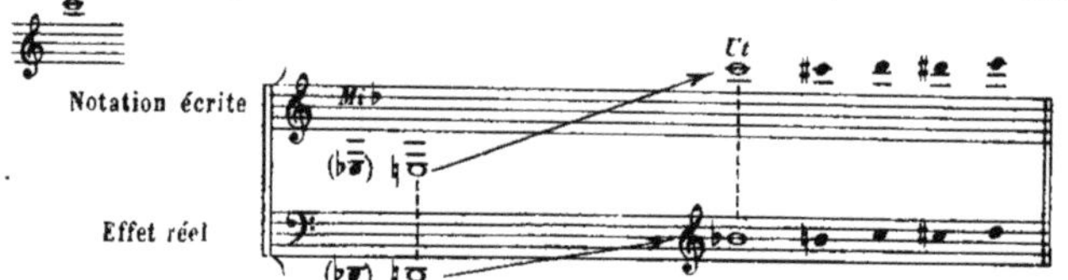

Voici un exemple de ses rapports de diapason avec la clarinette en si ♭:

§ **64.**—La *clarinette basse* et la *clarinette alto* réunies sont précieuses pour la transcription des traits de violoncelle d'une grande étendue; mais c'est en l'associant aux *basses* de l'orchestre d'harmonie qu'elle exerce sa puissante influence.

§ **65.**—Dans le *solo,* il suffit de citer celui du 5ᵐᵉ Acte des **Huguenots** pour apprécier le caractère et l'emploi de ce superbe instrument qui, pour les raisons énoncées ci-dessus (Voir § 54) est encore très rare dans l'ensemble de notre système instrumental. En tous cas, nous avons cru devoir le maintenir dans la nomenclature générale, malgré qu'il y figure à titre "*facultatif.*"

EXERCICE

Transcrire l'exemple ci-dessus dans le ton réel correspondant.

CHAPITRE IV

INSTRUMENTS A ANCHE SIMPLE
(3e GROUPE)

SAXOPHONES

§ **66.**—Le *saxophone,* du nom de son inventeur Ad. Sax, est un instrument à anche, en cuivre et à clés, dont l'usage a pris une importance considérable dans nos musiques françaises.

Par la forme de son tube conique, il tient à la fois de la *clarinette* et du *hautbois*, mais sa qualité de son, il faut le reconnaître, n'est pas d'une homogénéité parfaite dans l'ensemble instrumental des orchestres symphoniques et d'harmonie.

Cependant, tel qu'il est, et en raison d'un mécanisme qui le rend facile à jouer, il est certain que son emploi peut rendre de réels services aux compositeurs et plus particulièrement aux directeurs de sociétés de musique instrumentale.

§ **67.**—Le *saxophone* forme une famille complète composée de cinq types variés, d'un mécanisme et d'un doigté identiques:

1º — Saxophone soprano en si ♭; (1)
2º — Saxophone alto en mi ♭;
3º — Saxophone ténor en si ♭;
4º — Saxophone baryton en mi ♭;
5º — Saxophone basse en si ♭.

NOTA.—Avant d'entreprendre l'étude de ces instruments, il convient de remarquer tout d'abord que la famille des *saxophones* constitue à elle seule, le *quatuor,* heureusement complété par le *saxophone basse* remplaçant la *contrebasse à cordes* dans ses registres *grave* et *moyen.*

1º SAXOPHONE SOPRANO en SI ♭

§ **68.**—Le *saxophone soprano* en *si* ♭ joue à l'unisson de la clarinette en si ♭. Il s'écrit sur la clé de *sol* 2me ligne.

Son étendue en comprenant la clé de Si ♭ (Invention récente) est la suivante :

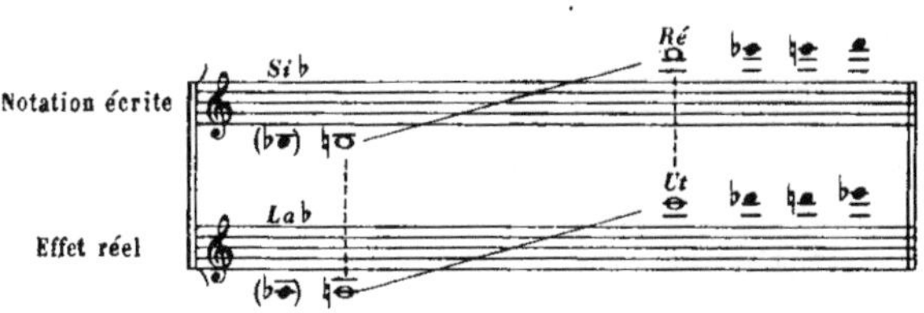

(Avec tous les intervalles chromatiques et diatoniques)

(1) Le *saxophone sopranino* en mi ♭, à l'unisson de la petite clarinette, fait partie de la même famille. Son utilité ne parait pas démontrée en harmonie, tandis qu'au contraire il a sa place marquée en "Fanfare" (Voir 3e partie § 227)

§ **69.**—Le timbre du *saxophone soprano* est criard, plutôt désagréable à l'oreille; un grand nombre de directeurs le proscrivent purement et simplement.

Nous ne partageons pas cet avis, estimant que cet instrument, lorsqu'il est bien joué, peut apporter un concours efficace au renforcement des *clarinettes* dans les passages *f* et *ff*, et surtout dans les tenues *p* et *pp* des saxophones réunis où il complète l'ensemble du *quatuor* vocal.

§ **70.**—Dans le *solo* nous concédons qu'il manque absolument de charme, quelque soit d'ailleurs le talent de l'instrumentiste.

EXERCICE

Remplir la portée inférieure avec les indications nécessaires pour établir le *diapason réel* correspondant.

2° SAXOPHONE ALTO en MI ♭

§ **71.**—Le *saxophone alto* en *mi* ♭ est à l'unisson de la *clarinette alto* en mi ♭ et de l'*alto* en mi ♭ des cuivres.

Il s'entend à l'octave inférieure de la *petite clarinette* et se lit à la *quinte supérieure* du *saxophone soprano* et de la *clarinette* en *si* ♭ (Voir pages 4-5)

§ **72.**—Le *saxophone alto* s'écrit sur la clé de sol 2me ligne et se divise dans son étendue totale en trois registres principaux, de sonorité et de caractère différents.

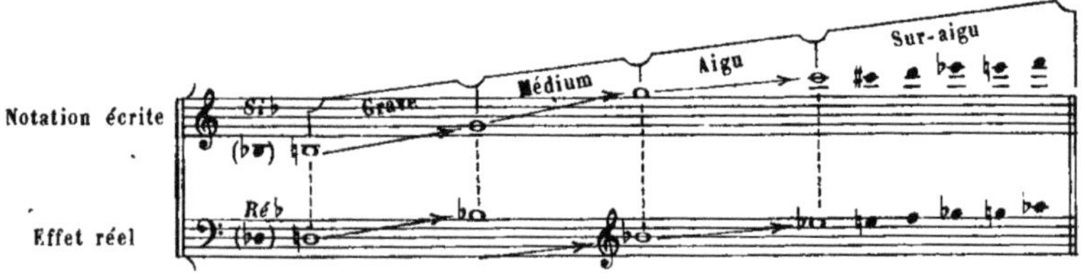

(Avec tous les invervalles chromatiques et diatoniques)

NOTA.—*L'ut* aigu du tableau ci-dessus, le *ré* au plus, marquent une limite suffisante. Les sons du registre *sur-aigu* ne sont abordables que par des instrumentistes éprouvés.

Le *si* ♭ *grave* doit être réservé pour les cas exceptionnels.

§ **73.**—Le timbre du *saxophone alto* quoique un peu voilé, est expressif. Par sa nature même, il tient du *cor anglais* et de la *clarinette*. Son caractère empreint de mélancolie le rapproche du violoncelle et c'est le plus souvent à lui que sont confiés les passages destinés à cet instrument.

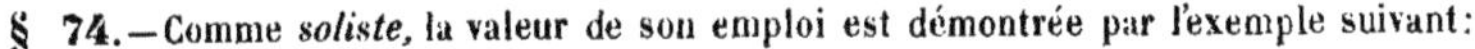

§ **74.**—Comme *soliste*, la valeur de son emploi est démontrée par l'exemple suivant:

§ **75.**—Le *saxophone alto*, comme l'on voit, joue un rôle important en "Harmonie" pour la transcription d'une œuvre symphonique. Son mécanisme perfectionné lui permet d'exécuter tous les traits et tous les trilles, à l'exception toutefois des suivants que l'on doit éviter avec soin.

NOTA.— A partir de la note *ré* du registre *sur-aigu* les traits rapides et les trilles sont impraticables ou d'un mauvais effet.

§ **76.**—Dans l'ensemble de la trame harmonique les *contre-temps*, les *batteries* sur les bonnes notes, les *tenues* et les *trémolos* lui sont également familiers.

Il se prête avec aisance à la virtuosité, bon nombre d'artistes en donnent chaque jour de nouvelles preuves.

C'est, en un mot, le meilleur instrument de la famille et celui dont l'emploi est désormais indispensable dans les orchestres d'"Harmonie"

EXERCICE

Remplir les deux portées ci-dessus, la 1re en *notation écrite*, la 2me dans le *ton réel* correspondant à l'orchestre en *ut*.

3º SAXOPHONE TÉNOR en SI♭

§ **77.**– Le *saxophone ténor* en *si* ♭ joue une *octave au-dessous* du *saxophone soprano* et de la *clarinette* en *si* ♭, à l'unisson de la *clarinette basse* en *si* ♭ et s'entend à une *quarte au-dessous* de la *clarinette alto* en *mi* ♭.

Il s'écrit sur la clé de sol 2e ligne.

Voici son étendue complète et sa division en trois registres, du *grave* à *l'aigu* et au *sur-aigu.*

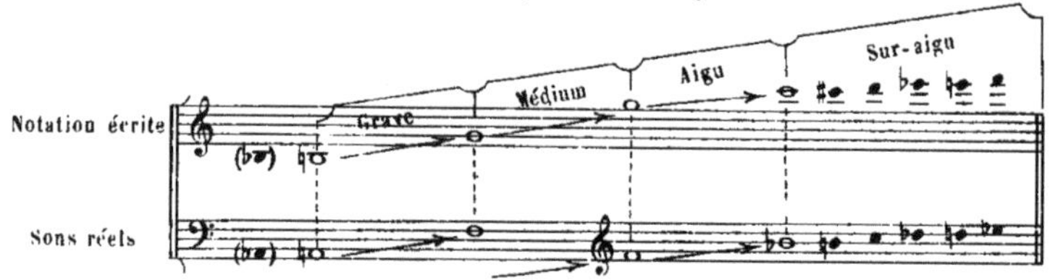

(Avec tous les intervalles chromatiques et diatoniques)

NOTA.– Les notes du *sur-aigu* ne sont accessibles qu'aux *solistes*, et encore faut-il user à leur égard des plus grandes précautions.

§ **78.**– En "*Harmonie*" le *saxophone ténor* offre les mêmes avantages que le *saxophone alto*, sa fonction principale est de remplacer à l'orchestre les parties d'*altos* à *cordes*.

Son effet est certain dans les tenues de *saxophones réunis*, ainsi que dans les traits de *violoncelle* d'une étendue moyenne; mais c'est surtout en l'unissant aux instruments des groupes IV et V (*Cors, Altos, Barytons* et *Basses*) que son utilité se manifeste.

§ **79.**– Deux parties sont nécessaires en "Harmonie" pour compléter ou renforcer les accompagnements conjointement avec les 2des *clarinettes* et le *saxophone alto*.

EXERCICE

Grazioso.

Notation écrite

Effet réel

etc.

Remplir la portée libre avec les indications nécessaires pour établir la *tonalité réelle* correspondante.

4º SAXOPHONE BARYTON en MI ♭

§ 80.—Le *saxophone baryton* est construit en *mi ♭* comme le *saxophone alto* qu'il redouble à l'octave inférieure.

Il s'écrit également sur la clé de *sol* 2me ligne [1] et s'entend *une quinte juste* au-dessous du *saxophone ténor* en si ♭.

Voici son étendue dans ses différents registres
à l'exception de quelques notes du registre sur-aigu:

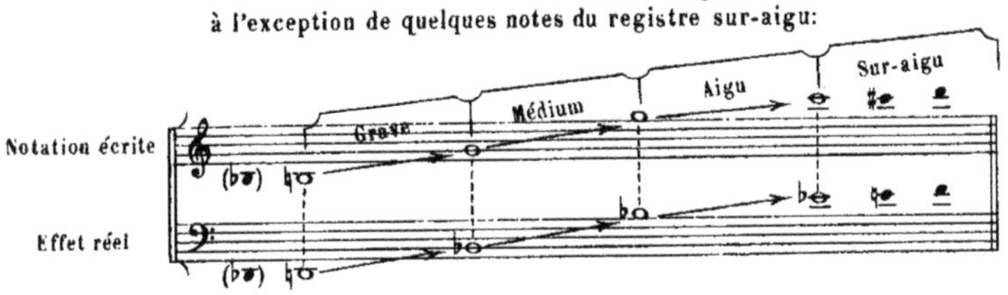

Grave — Médium — Aigu — Sur-aigu

Notation écrite

Effet réel

(Avec tous les intervalles chromatiques et diatoniques)

§ 81.—Le *saxophone baryton,* grave et solennel, se rapproche de la *clarinette basse* par son timbre. Son emploi dans des phrases de courte durée, aussi bien que son accouplement avec les instruments à timbres divers, peut donner aux artistes de goût le moyen de produire des effets nouveaux, parfois très intéressants.

§ 82.—Dans les traits de grande étendue et se *soudant* pour ainsi dire au *soprano,* à l'*alto* et au *ténor,* il donne la sensation à peu près exacte d'un ensemble de violoncelles reunis.

L'exemple suivant est concluant pour se rendre compte d'une combinaison de ce genre.

G. ROSSINI—Ouverture de *Guillaume Tell* - Trans. *d'Ad. Sellenick)* Publié avec l'autorisation de Mr L. GRUS, Ed.-Propriétaire.

Andante. — etc.

Saxophones: Soprano Si ♭ — Alto Mi ♭ — Ténor Si ♭ — Baryton Mi ♭

(Effet réel Fa mineur)

NOTA.—Dans la partition originale, les quatre violoncelles jouent en *mi mineur* et c'est afin de diminuer le nombre des dièses que l'auteur de la transcription a dû choisir la tonalité de *sol mineur* pour l'orchestre d'harmonie en si ♭, soit pour l'oreille, *fa mineur,* un *demi-ton* au-dessus du ton de l'orchestre symphonique. C'était du reste la seule manière de rendre l'effet voulu, aussi bien pour en faciliter l'exécution que pour ménager la sonorité spéciale des instruments de l'harmonie.

EXERCICE

Transposer les quatre parties de l'exemple ci-dessus avec les indications nécessaires; *armure* et *clés* supposées, pour les rameuer au ton primitif de *mi mineur.*

---

[1] Il en est ainsi depuis sa création. Cet usage suranné n'a aucune raison d'être et doit disparaitre en revenant à la clé de *fa,* la seule rationnelle pour l'écriture des *instruments de basse.*

5º SAXOPHONE BASSE en SI ♭

§ **83.**–Le *saxophone basse* en *si ♭* complète la famille des saxophones où il joue le rôle de *contrebasse*, soit une *octave au-dessous* du *saxophone ténor, deux octaves* plus bas que la *clarinette* en *si ♭* et le *saxophone soprano*.

Il s'écrit comme tous les autres, en clé de *sol*, ce qui est absolument illogique, ainsi qu'il a été dit plus haut, et se divise en trois *registres*.

NOTA.–La sonorité des *notes aigues* du *saxophone basse*, d'un effet dur à l'oreille et d'une exécution difficile, réduit son étendue normale aux seuls registres *grave* et *médium*, à l'exception de certains traits que l'on ne peut éviter.

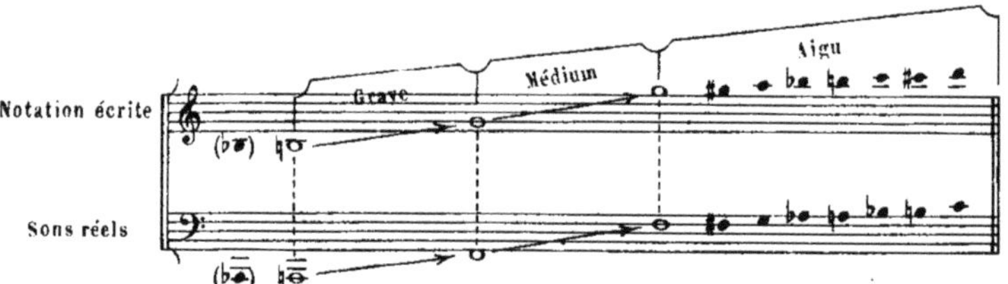

(Avec tous les intervalles chromatiques et diatoniques)

§ **84.**–Le *saxophone basse* est peu répandu dans les orchestres d'Harmonie, de là son titre de "*facultatif*" dans la nomenclature générale.

C'est regrettable, car on peut lui confier les parties de *contrebasse à cordes* et en *cuivre* auxquelles il ajoute la puissance de sa sonorité.

Ajoutons qu'il est le seul, avec le *sarrusophone contrebasse* en *mi ♭*, qui puisse remplacer le *contrebasson* dans ses *notes graves*.

EXERCICE

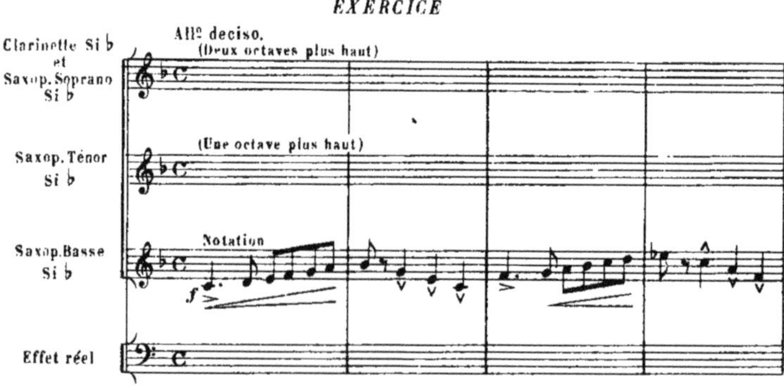

1º Remplir les deux portées supérieures de l'exercice ci-dessus,

2º Etablir la tonalité correspondante sur la quatrième portée.

CHAPITRE V

INSTRUMENTS en CUIVRE à TIMBRE CLAIR

(4e GROUPE)

§ 85.—Le groupe des instruments à *sons clairs* comprend:

1º — La Trompette;
2º — Le Cornet à pistons;
3º — Le Cor;
4º — Le Trombone.

CONSIDÉRATIONS GÉNÉRALES

Avant d'aborder l'étude spéciale à chacun de ces instruments, nous dirons tout d'abord:

1º Que la *trompette à pistons* ou à *cylindres* a remplacé avec avantage la *trompette simple* dite de "cavalerie" dans les orchestres d'harmonie.

2º Que le *cornet à pistons* descend en droite ligne du petit *cornet de poste* auquel on a adapté le mécanisme à *deux*, puis à *trois pistons*.

Très perfectionné depuis sa création, très facile à jouer, le *cornet à pistons* est d'une utilité incontestable en Harmonie et surtout en Fanfare, mais il faut convenir que son timbre un peu commun, parfois trivial, exige qu'on ne l'emploie qu'à bon escient, et en atténuant autant que possible ses défauts d'origine.

3º Que le *cor simple* a fait place au *cor à pistons*.

4º Que le *trombone à coulisse*, au contraire, doit être maintenu jusqu'à ce que la facture moderne ait découvert un système à pistons capable de conserver à cet instrument la fraîcheur et l'éclat de son timbre primitif.

1º TROMPETTE à pistons

§ 86.—La *trompette* (en italien *tromba*, en allemand *trombe*) est construite en *fa*, avec *deux tons* de *rechange* (*mi* ♭ et *mi* ♮) qui suffisent à l'instrumentation de la partition moderne.

Elle est pourvue d'un mécanisme à *trois pistons* et s'écrit sur la clé de *sol*.

Voici son étendue complète:

(Avec tous les intervalles chromatiques et diatoniques)

NOTA.—La *trompette* en *mi* est spécialement destinée à l'orchestre symphonique où elle a pour effet de simplifier la notation par la suppression des dièses.

Dans les temps bibliques, on a vu les murailles de Jéricho s'écrouler avec fracas devant les prêtres de Josué jouant de la *trompette.*

De nos jours, de pareils exploits ne se renouvellent plus, et cependant, on n'ignore pas que la *trompette* a joué un rôle important dans nos fastes héroïques. De là son caractère bien spécial qui fait préférer cet instrument à tout autre dans les marches, les épisodes guerriers, pour exprimer les sentiments belliqueux, graves ou solennels.

§ **87.**—En "Harmonie", le nombre des *trompettes* est souvent insuffisant. Dans ce cas, on y adjoint deux *cornets à pistons* que l'on dispose de la manière suivante:

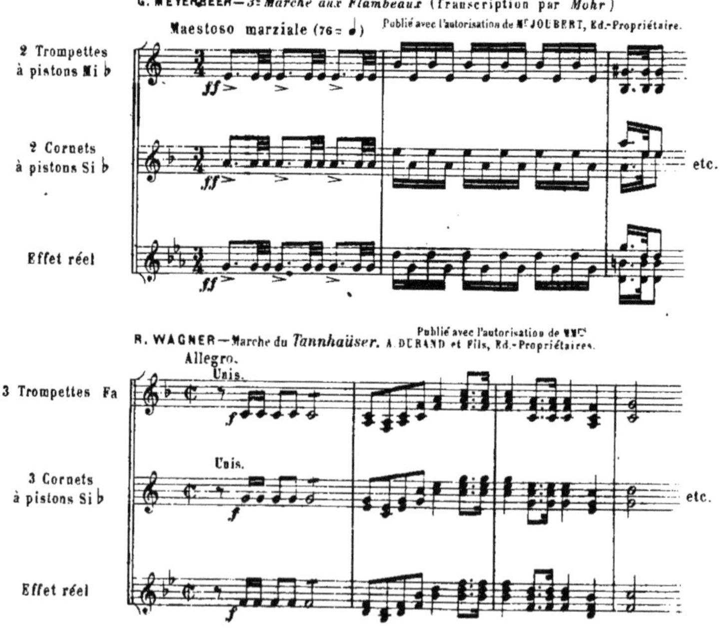

§ 88 —L'emploi de la *trompette* à *deux*, à *trois* ou à *quatre* parties convient aux appels et aux marches d'un caractère épique ou guerrier.

Dans l'ensemble, les *trompettes* unies aux *cornets* et aux *trombones* sont excellentes dans les tenues **p** et **pp**.

Cette combinaison qui a l'avantage de soutenir les *trombones* dans les notes élevées, permet aussi de suppléer à des effets de *harpes* qui, étant négligés, produiraient un vide préjudiciable à l'œuvre instrumentée.

H. MARÉCHAL—*Daphnis et Chloé*. (Transcription par *Th. Dureau*)

Publié avec l'autorisation de Mr L. GRUS, Ed.-Propriétaire.

§ 89.—Pendant une longue période, les compositeurs furent réduits à l'emploi de la trompette simple, (Voir § 91) laquelle, comme on sait, ne comporte que les seules notes du *corps sonore* à *sons ouverts*. De là son rôle restreint dans les œuvres symphoniques où, malgré la ressource des tons de rechange, elle restait soumise à la rigueur du *ton initial*.

C'était là pour l'instrumentiste une préoccupation constante, et pour le compositeur le souci d'éviter les *dissonances* qui ne pouvaient se *résoudre* normalement.

La *trompette à coulisse*, quelque temps en usage au Conservatoire réalisait un certain progrès; mais c'est seulement depuis l'invention de la *trompette à pistons* que cet instrument a pris une importance qui, chaque jour, s'affirme davantage.

Comme *soliste*, le fragment suivant donne la notion exacte des effets de *virtuosité* obtenus par les élèves dans les concours annuels de notre grande école de musique.

(Effet réel) *Une tierce mineure au-dessus.*

§ 90.—En règle générale, il importe que les trompettes soient divisées en deux groupes respectifs, et que chacune des parties soit écrite en *octaves, tierces, sixtes* ou *quintes*, rarement en rapport de *dissonances*, plus rarement encore en *quartes*, à moins d'impossibilité absolue.

NOTA.— Cette observation conserve toute sa valeur à l'égard des *cors*, des *cornets* et des *trombones*; elle a pour but d'éviter l'effet désagréable qui se produirait si l'un des deux groupes – par inadvertance – se faisait entendre isolément.

EXERCICE

Transposer l'ex: ci-dessus un ton plus bas — Même écriture pour les trompettes en *mi♭*.

TROMPETTE Simple

§ 91.—S'il est admis que la *trompette à pistons*, en raison même de son mécanisme est supérieure à la *trompette simple*, il est certain que sa valeur est atténuée si on la compare à celle-ci pour l'interprétation rigoureuse des œuvres de musique classique.

Sous réserve de cette appréciation, voici, pour mémoire, un tableau complet indiquant l'effet produit par l'emploi des *tons de rechange* dans les diverses tonalités.

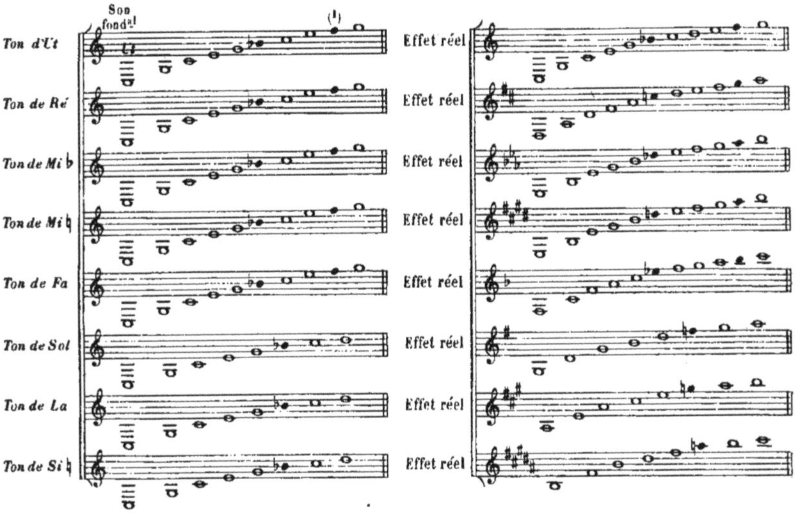

§ 92.—Dans les sons élevés, l'émission est le plus souvent compromise; peu d'artistes sont assez sûrs de leurs moyens pour en vaincre les difficultés d'exécution. Pour remédier à ce fâcheux inconvénient, on a inventé une *petite trompette*, dite *aiguë*, qui permet de les attaquer en toute sécurité.

REMARQUE IMPORTANTE— L'invention de la petite trompette moderne constitue un grand progrès. Destinée d'abord aux grandes œuvres des Maîtres Classiques (HÆNDEL, BACH, etc.) réputées inabordables jusqu'alors, elle a conquis sa place au Conservatoire, où, dans les concours annuels, elle obtient les plus brillants succès.

Il existe plusieurs modèles de cet instrument qui prend son nom du ton fondamental dans lequel il est construit.

La *trompette en ut*, déjà adoptée dans nos grandes sociétés de musique instrumentale, possède un ton de rechange en *si♭*. Cette disposition suffit à démontrer les avantages multiples de son emploi.

Voici son étendue complète avec tous les intervalles chromatiques et diatoniques.

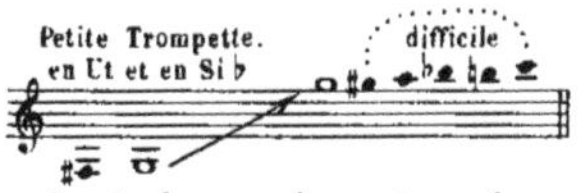

Du *sol grave* au *sol aigu*, l'émission est relativement facile, tandis que les sons du registre *sur-aigu* exigent une préparation rigoureuse.

Les trompettes en *si♭* et en *ré* ont chacune leurs tons de rechange: la première le ton de *la*, la seconde les tons de *ré♭* et *ut*, quelquefois *si♮* et *si♭*. Pour cette dernière (la trompette en *ré*) on ne doit pas dépasser le si♭ *sur-aigu*. Le *ré* 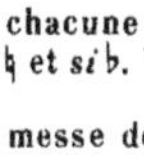 de la messe de BACH est presque impossible à atteindre.

NOTA.— La *trompette* dite *d'ordonnance* n'est autre que la *trompette simple* dont on se sert dans les régiments de cavalerie et d'artillerie pour *sonner* les signaux et les marches.

La *trompette basse*, à *l'octave inférieure* de la *trompette simple*, figure avec avantage dans les marches de *trompettes* à quatre parties.

Pour l'emploi de ces instruments, tous deux en mi♭, on trouve dans le *Manuel de musique militaire* de G. KASTNER et le *Traité d'instrumentation* de G. PARÈS, de nombreux et intéressants documents à consulter.

(1) Plutôt *fa* ♯ que *fa* ♮. Cette note est défectueuse de par sa nature même; il est prudent de s'en abstenir si ce n'est dans un trait rapide qui en atténue l'effet.

2° CORNET à pistons

§ 93. — Le *cornet à pistons* (en italien *cornetto*, en allemand *klappen flügelhorn*) ou petit cornet pourvu d'un mécanisme à trois pistons, s'écrit sur la clé de *sol* 2me ligne.

Son échelle entière comprend une étendue de *deux octaves* et une *quarte juste.*

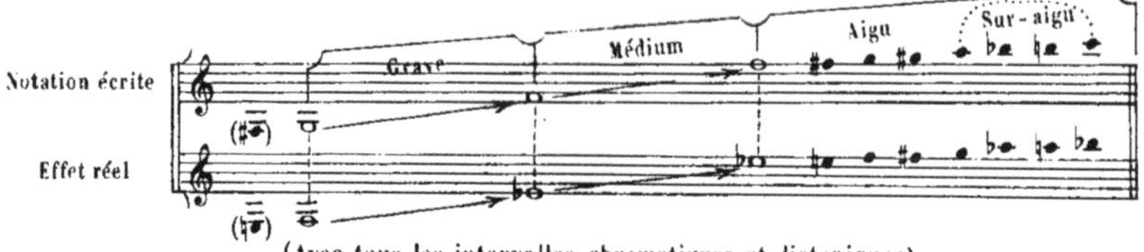

(Avec tous les intervalles chromatiques et diatoniques)

§ 94. — Le *cornet* en *si* ♭ et le *cornet* en *la* sont identiques de forme et d'étendue. Le premier est spécialement destiné aux *Harmonies* et aux *Fanfares*, le second à *l'orchestre symphonique* où il a pour but de simplifier l'écriture des tonalités difficiles.

§ 95. — Le *cornet* en *la* s'entend *une seconde mineure* au-dessous du *cornet* en *si* ♭ et correspond à la *tierce mineure inférieure* du diapason réel.

§ 95bis. — Les notes graves du *cornet* au-dessous de l'*ut* [note] sont d'une sonorité douteuse; il convient de n'en user qu'avec discrétion. Les dernières notes du registre *aigu* et *sur-aigu* ne sont praticables que par degrés conjoints, encore faut-il que l'artiste soit doué d'une embouchure à toute épreuve.

Les trilles et les traits rapides doivent être évités sur les notes indiquées ci-dessous:

§ 96. — La partition d'Harmonie exige au moins deux parties: la première pour le chant et les *soli* au besoin, la seconde pour les effets de cuivres et les remplissages.

§ 97. — Pour la transcription des voix de *soprano* ou *mezzo-soprano* dans les chœurs et les morceaux d'opéra, le *cornet à pistons* est tout indiqué par la nature même de son timbre et de son étendue.

§ 98. — Lorsqu'on veut obtenir des sonorités éclatantes, l'emploi des *cornets*, concurremment avec les *trompettes*, est indispensable.

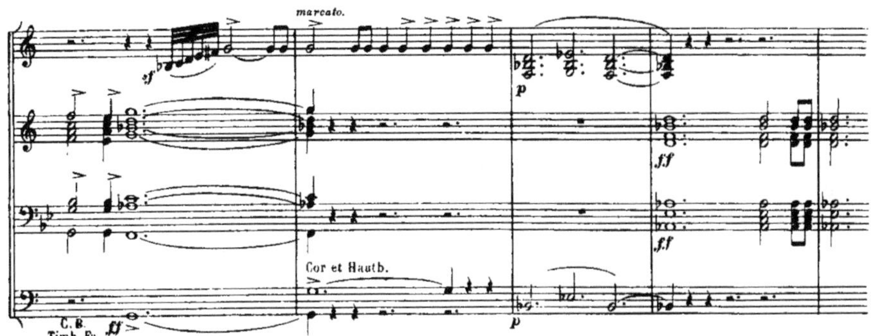

§ **99.**—Le *cornet à pistons* longtemps méconnu, a aujourd'hui sa place marquée dans tous les orchestres où il se prête à toutes les combinaisons dans les *tenues*, les *traits rapides*, le *mélange des timbres*, etc; mais c'est surtout à ses qualités de *soliste* dans la musique légère que son succès s'est affirmé.

§ **100.**—Ajoutons que l'étude du *cornet* est relativement facile et que les artistes qui en possèdent l'embouchure et le doigté sont aptes à jouer tous les instruments *à pistons*, même le *trombone* et la *basse* à *quatre cylindres*.

NOTA.—Le *cor* dont l'embouchure et le doigté sont essentiellement différents, ne sont pas compris dans cette catégorie.

EXERCICE

(Remplir la portée inférieure dans le *ton réel* correspondant)

CORS

CONSIDÉRATIONS SUR L'EMPLOI DU COR SIMPLE

Le *cor*, (en italien *corno*, en allemand *horn*) instrument en cuivre à embouchure, d'origine très ancienne, se compose d'un long tube de forme conique contourné sur lui-même, et à l'extrémité duquel se trouve la partie largement évasée que l'on appelle *pavillon*.

Afin d'éviter les *sons bouchés* et de rendre la lecture uniforme dans la seule tonalité d'*ut*, on fait usage de *neuf tons de rechange* qui permettent à l'instrumentiste de jouer dans toutes les tonalités sans le secours de la main.

La notation du *cor simple* comprend toutes les notes de l'échelle en *sons ouverts* et reste invariable quel que soit le *son réel* donné par le *ton de rechange*.

Les sons intermédiaires ou *sons bouchés* se produisent par l'introduction de la main droite dans le pavillon, non-seulement pour former les sons intermédiaires (chromatiques ou diatoniques) mais aussi pour en corriger la justesse dans les notes reconnues douteuses.

NOTA.– Le *cor simple* n'est plus en usage dans les *Harmonies* et *Fanfares;* c'est pourquoi nous bornerons cette étude à ce simple exposé, non toutefois sans ajouter que de tous les instruments de l'orchestre symphonique, il est le plus capable d'expression.

Voici d'ailleurs ce qu'en a dit F.A. GEVAËRT dans son remarquable "Traité d'orchestration"

"Aucun instrument, peut-être, n'agit aussi puissamment sur l'imagination et la fantaisie de l'auditeur. «Les sons du cor portent l'esprit au loin, dans les libres espaces, au sein des forêts, sous l'ombrage des chê-«nes séculaires, ou dans les pays charmants du rêve et de la féerie; aux bords des claires fontaines, où l'on «entend par les belles nuits d'été, les notes mystérieuses du *cor* **d'Oberon**, etc."

---

(1) Les notes noires (●) indiquent les notes dont la justesse est douteuse. C'est au talent du corniste qu'il incombe de les modifier avec la main droite.

3º COR à pistons

§ 101.—Le *cor à pistons* ou à cylindres que l'on appelle aussi *cor chromatique* est construit comme le cor ordinaire. Son mécanisme à trois pistons le rend supérieur à celui-ci en ce qu'il permet à l'exécutant d'émettre en *sons ouverts* toutes les notes de son étendue.

§ 102.—Il est généralement admis qu'il suffit de *trois tons de rechange: fa, mi* ♮ et *mi* ♭ pour satisfaire aux exigences de la partition symphonique moderne, encore, il est à remarquer que les cornistes s'en tiennent à l'unique ton de *fa*, ce qui est regrettable pour ceux qui ont conservé le respect des traditions.

§ 103.—En Harmonie, les tons de *fa* et de *mi* ♭ sont seuls usités, le premier moins souvent que le second.

§ 104.—L'étendue du *cor à pistons* est la même que celle du *cor simple*, augmentée des notes intermédiaires à *sons ouverts*.

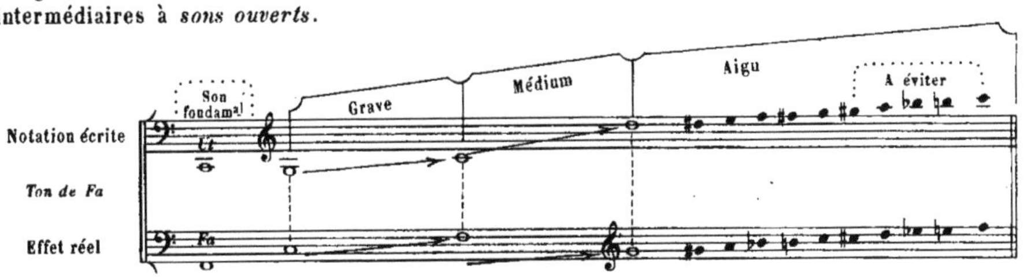

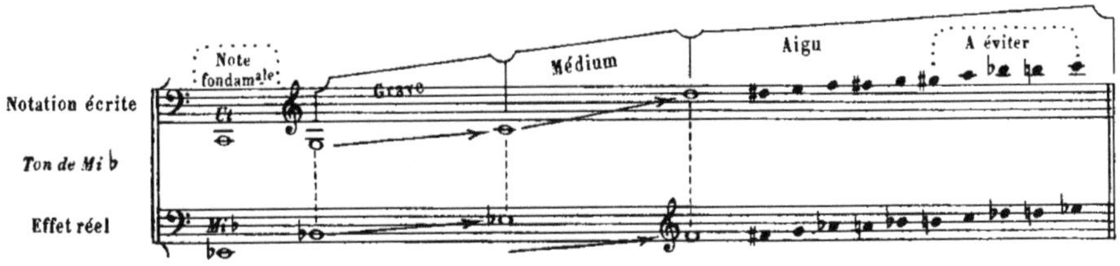

(Avec tous les intervalles chromatiques et diatoniques)

NOTA.— Les notes comprises entre le *médium* et *l'aigu* 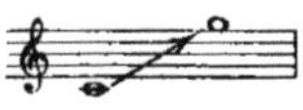 sont d'une émission facile, celles du registre *grave*, au contraire, ne doivent être employées qu'avec la plus grande réserve.

§ 105.—Le *cor* convient admirablement aux effets de *tenues*, aux *dessins* d'accompagnement à leur portée, mais c'est surtout comme *soliste*, en *duo*, en *trio*, en *quatuor* que son beau timbre en fait valoir le charme profond et captive l'oreille de l'auditeur attentif.

§ 106.—Comme *soliste*, le *cor* transporte l'âme dans des régions les plus poétiques, de même qu'il exprime les sentiments les plus profonds.

§ **107.**—La partition d'orchestre contient *quatre parties* de *cors:* cependant il est d'usage en Harmonie de suppléer à leur absence par les *bugles,* les *altos,* les *barytons,* quelquefois la *1ère basse* dans les notes graves que ces derniers ne peuvent atteindre.

EXERCICE

Rétablir l'ex: ci-dessus à quatre parties de *cor* en *mi* ♭ et deux *bassons* en *ut.*

§ 108.—Dans le même ordre d'idées, voici un nouvel exemple qui, croyons-nous, démontrera, par simple comparaison, ce que l'on peut obtenir en "Harmonie" par des dispositions spéciales d'orchestration, sans trop s'éloigner de la pensée créatrice de l'auteur.

R. WAGNER — *Chant des filles du Rhin;* Extrait du *Crépuscule des Dieux.*
Publié avec l'autorisation de MM^rs SCHOTT Frères (à Mayence) Ed.-Propriétaires.

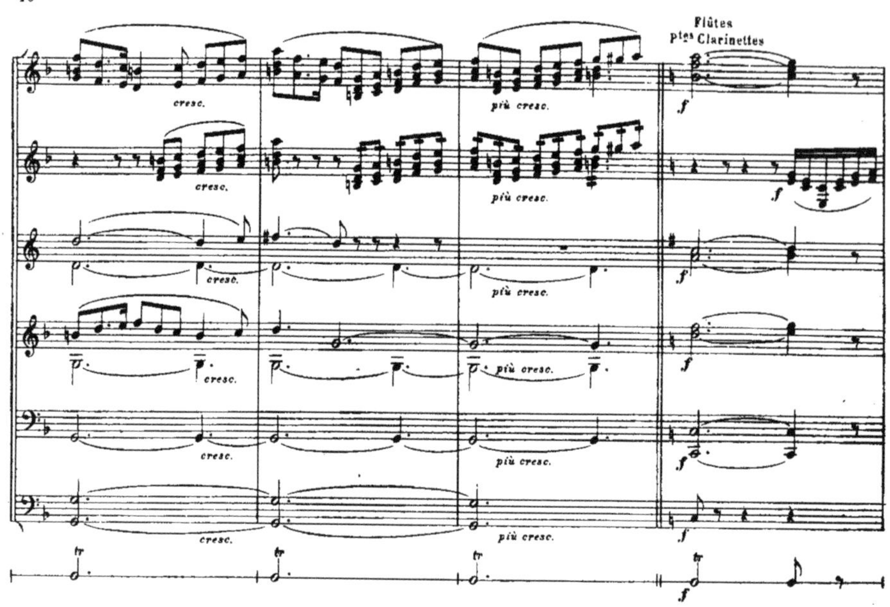

NOTA.– En faisant une analyse raisonnée de cet extrait, l'élève après l'avoir transposé, remarquera que l'auteur a maintenu autant que possible les *sons ouverts*, ce qui indique que la meilleure manière d'écrire pour les *cors* est de leur conserver leur caractère d'origine. (1)

§ 109.–Le *cor à pistons* rend évidemment les plus grands services pour ses facultés de *transpositeur* quoiqu'on lui discute la pureté des sons du *cor simple*. Mais il est reconnu qu'un artiste habile peut en donner l'illusion, et qu'en outre, il a l'avantage de pouvoir reproduire en *sons bouchés* ou *demi-bouchés* tous les passages en *sons ouverts*.

(1) Cette observation plutôt restrictive n'exclut pas l'emploi du *cor à pistons* dans le style libre, puisque le compositeur se trouvera plus à l'aise pour donner cours à sa fantaisie, en créant des mélodies du plus pur sentiment romantique ou descriptif. A ce sujet, nous pensons faire œuvre utile en renvoyant à l'étude des nombreux exemples contenus dans les traités de BERLIOZ, GEVAËRT, GUIRAUD, LAVIGNAC, PARÈS, etc.

TROMBONES

CONSIDÉRATIONS GÉNÉRALES

Les *trombones* (en italien *tromboni*, en allemand *pausaunen*) forment deux catégories bien distinctes:

1º – Les trombones à coulisse;

2º – Les trombones à pistons ou à cylindres.

La première se composait autrefois de cinq types différents: *soprano, alto, ténor, basse, contrebasse* qui, réunis, représentaient (pour les quatre premiers) l'ensemble des voix humaines.

De cette famille, un seul type est resté en usage dans nos orchestres: le *trombone ténor*, le meilleur de la famille à tous égards.

Tous les autres ont disparu.

Dans la seconde catégorie, on trouve encore quatre types différents: *alto, ténor, basse, contrebasse*, mais à l'exception du *ténor*, les trois autres ne s'emploient qu'à titre "facultatif" ou dans des cas tout-à-fait exceptionnels. (Voir trombones à pistons, page 45)

TROMBONE TÉNOR (à coulisse)

§ 110.–Le *trombone ténor* (à coulisse) se compose de quatre branches ou tubes cylindriques en cuivre, se mouvant l'un dans l'autre et s'allongeant à la volonté de l'exécutant pour produire toutes les notes de son étendue dans les *sept positions* fournies par la division du corps sonore.

TABLEAU DES SEPT POSITIONS DU TROMBONE TÉNOR (à coulisse)

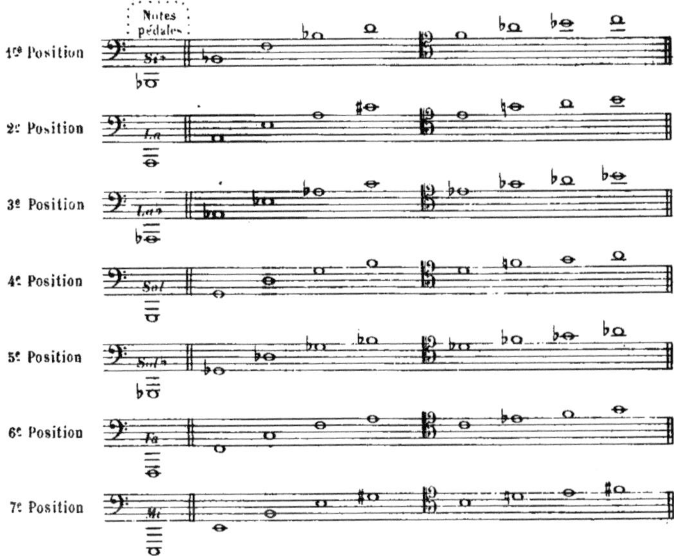

D'où il résulte qu'en réunissant les notes suivant leurs positions respectives, on obtient l'échelle complète du *trombone ténor* avec tous les intervalles chromatiques et diatoniques.

On remarquera en outre, que les *enharmoniques réb-ut#, mib-ré#, solb-fa#, lab-sol#*, etc. se font à la même position, avec faculté pour l'instrumentiste de les modifier selon leurs tendances *résolutives*.

Voici maintenant l'échelle totale des sons divisés en trois registres:

(Avec tous les intervalles chromatiques et diatoniques)

§ **111.**—Le timbre du *trombone ténor* est éclatant, puissant, majestueux. Dans les *ff* il est pompeux et noble, dans les *pp* et particulièrement les notes soutenues, il se prête admirablement aux effets de calme et de douceur.

§ **112.**—La partition d'"Harmonie" exige quatre parties de *trombone*. La 1re et la 2me s'écrivent sur la clé d'*ut 4me ligne* à l'*aigu*, et sur la clé de *fa 4me ligne* au *grave;* la 3me et la 4me sur la clé de *fa*.

REMARQUE IMPORTANTE

Les accords de *trombones* en harmonie *serrée* au *grave* sont à éviter. Il est préférable de disposer les sons dans la portée normale des *voix d'hommes*. (Voir page 3, Ex: 2)

§ **113.**—Nous avons fait connaître (§ 111) les rares qualités du *trombone* pour ajouter à la puissance de la sonorité générale de la masse instrumentale.

Voici une nouvelle disposition de l'ex: 21, qui donnera toute sa valeur à cette démonstration:

§ **114.**—Ce mode d'emploi est des plus caractéristiques et aussi des plus fréquents. On sait, d'autre part, l'effet produit par les *trombones* lorsqu'ils se joignent aux *masses* pour exécuter les traits à l'unisson, et aux *contrebasses* qu'ils redoublent à l'octave supérieure.

§ **115.**—Comme chanteur, le *trombone ténor* occupe le premier rang pour la transcription des airs d'opéra, tels le "*miserere*" du Trouvère, de VERDI, la "*cavatine*" du IIIe acte de Faust, de GOUNOD; *duos*, *trios* et tant d'autres qui font la richesse du répertoire de nos orchestres d'harmonie.

Dans un genre moins sévère, par ex. l'*aubade* du **Roi d'Ys**, il est certain qu'un artiste de goût peut donner à ses auditeurs l'impression d'un sentiment nouveau.

§ **116**.—Au surplus, le *trombone ténor* a fait ses preuves dans maints ouvrages de nos compositeurs célèbres: les "**Huguenots**" de MEYERBEER (5e acte) "**Hamlet**" d'AMBROISE THOMAS, etc

NOTA.—Les passages rapides conviennent moins au *trombone* à coulisse, si ce n'est dans les morceaux de haute virtuosité.

§ **117**.—Il importe de remarquer que le *trille majeur* peut s'exécuter sur le *trombone* à *coulisse* par un mouvement précipité des lèvres dans l'embouchure, mais seulement à partir de la note *mi* [tr] du registre médium.

TROMBONES à pistons

CONSIDÉRATIONS GÉNÉRALES

Les *trombones* à *pistons* et les *trombones* à *coulisse* sont sensiblement de la même famille, à cette différence que le mouvement des coulisses est remplacé par le système des pistons ou des cylindres, [1] d'un maniement beaucoup plus facile pour l'exécution des traits rapides.

A l'exception du "*soprano*" sorte de *petite trompette* inconnue de nos jours, cette famille reste composée des quatre types: *alto, ténor, basse* et *contrebasse*.

Le *trombone alto*, construit en *mi* ♭ comme le *saxhorn alto* du 5e groupe, peut trouver un emploi intéressant pour la transcription de la voix de *haute-contre* dans la musique ancienne, mais c'est là un cas exceptionnel et qui, jusqu'à présent, n'a pas été jugé suffisant pour le maintenir à titre définitif dans l'ensemble instrumental. (Voir instruments "facultatifs" page 58)

NOTA.—Le *trombone basse* et le *trombone contrebasse* sont rangés dans la même catégorie. (Voir page 59)

4º TROMBONE TÉNOR à pistons

§ 118.—Le *trombone ténor* est le seul dont l'usage soit indispensable à l'instrumentation des orchestres d'*Harmonie* et de *Fanfare*.

Construit à *trois pistons*, il en exige un *quatrième* lorsqu'il est appelé à remplir la partie de *basse*.

§ 119.—La partition d'"Harmonie" contient quatre *parties* de *Trombones* que l'on écrit sur les clés d'*ut* et de *fa*. (Voir § 112)

Voici l'étendue du *trombone ténor* à trois et à quatre pistons.

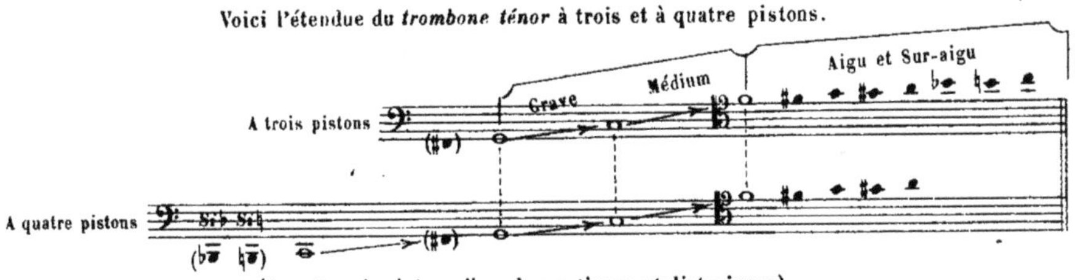

Grave — Médium — Aigu et Sur-aigu

A trois pistons

A quatre pistons — Si♭ Si♮

(Avec tous les intervalles chromatiques et diatoniques)

NOTA.—Les notes obtenues avec le secours du *quatrième piston* sont d'une émission très difficile. Il est prudent de s'en abstenir, sauf le cas où un instrumentiste habile pourrait en tirer des effets spéciaux.

§ 119bis—La sonorité du *trombone* à *pistons*, si on la compare à celle du *trombone* à *coulisse* est toujours un peu épaisse, et jusqu'à ce que de nouveaux et incontestables progrès se soient réalisés, il y a tout bénéfice à conserver celui-ci.

§ 120.—Le seul avantage du *trombone* à *pistons* consiste à rendre plus facile l'exécution des traits et des trilles que le *trombone* à *coulisse* ne pourrait aborder. Pour le reste, l'emploi de ces deux genres d'instruments est de tous points identique. (Voir les ex. 26, 27 et 28.)

---

(1) On appelle cylindre le mécanisme à *rotation* adapté aux instruments de cuivre du genre chromatique. Reconnu trop fragile, il est remplacé par le système Perinet à *trois* ou *quatre* pistons indépendants dont le mécanisme est plus simple et moins coûteux.

CHAPITRE VI

INSTRUMENTS en CUIVRE à TIMBRE DOUX[1]

(5º GROUPE)

§ **121.**—Le groupe des *instruments en cuivre* ou *saxhorns à timbre doux* comprend sept individus de dimensions et d'étendue différentes:

1º — Le petit bugle (soprano) en mi ♭;
2º — Le bugle (contralto) en si ♭;
3º — L'alto ou tromba en mi ♭;
4º — Le baryton en si ♭;
5º — La basse à quatre cylindres en si ♭;
6º — La contrebasse en mi ♭;
7º — La contrebasse en si ♭ grave.

§ **122.**—Ces sept instruments forment une famille autonome qui, à elle seule, peut constituer un orchestre complet, et dont l'échelle totale des sons entre le *fa ♯ grave* de la contrebasse en si ♭ et le *la aigu* du petit bugle en mi ♭ parcourt quatre *octaves* et une sixte min.

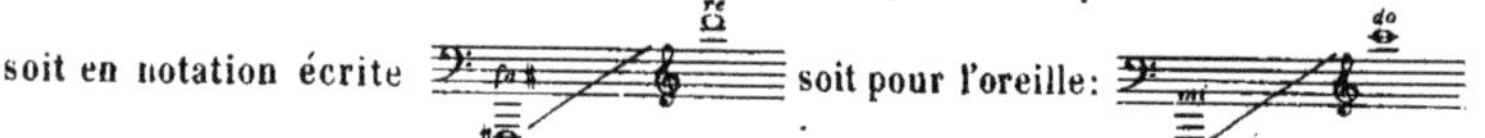

§ **122bis** —Les progrès accomplis depuis un demi-siècle dans la facture moderne ont atteint un degré de perfection qui permet aux instruments de toute nature de concourir à l'expression musicale sous toutes ses formes, aussi bien dans les *Harmonies* et les *Fanfares* qu'à l'*orchestre symphonique*.

On remarquera, au surplus, que le mécanisme à *trois* ou à *quatre* pistons dont ils sont pourvus en rend le jeu facile à tout instrumentiste qui en possède le doigté, simple question d'embouchure que l'on acquiert en très peu de temps.

1º PETIT BUGLE (soprano en MI ♭)

§ **123.**—Le *petit bugle* (en italien *fliscorno soprano*) est construit en mi ♭, à l'unisson de la *petite clarinette*.

Il s'écrit sur la clé de *sol* 2me ligne, et parcourt l'étendue suivante:

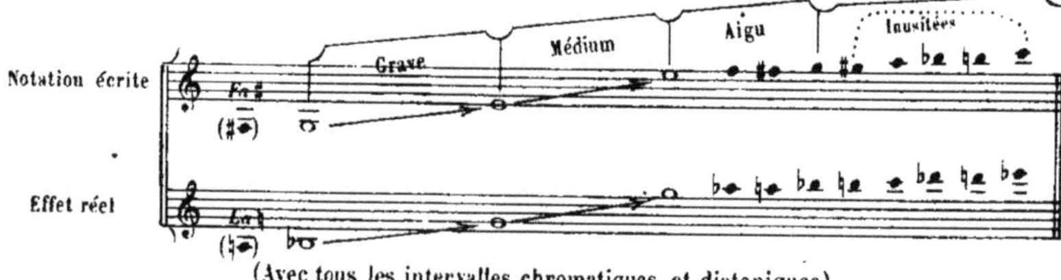

(Avec tous les intervalles chromatiques et diatoniques)

(1) Beaucoup de facteurs français et étrangers contestent à AD. SAX, le droit de donner son nom à ces instruments. Il serait injuste cependant de ne pas reconnaitre à cet inventeur célèbre, le mérite d'avoir le plus contribué à leur donner une forme et une classification logique qui n'existaient pas avant lui.

§ **124.**—Les meilleures notes, celles du registre *médium* s'abordent sans difficulté. Le *grave* est plus rare, l'*aigu* est dangereux. Les notes extrêmes de l'étendue ne sont accessibles qu'aux artistes doués de moyens tout-à-fait extraordinaires.

§ **125.**—Le *petit bugle* est peu agréable à entendre isolément; son rôle doit se borner à soutenir le *bugle solo* en *si* ♭ dans les notes élevées que celui-ci ne saurait atteindre sans risque d'en compromettre l'émission.

§ **126.**—Il est cependant d'un bon emploi comme *soliste* pour la transcription des voix de *soprano.*

§ **127.**—Combiné avec les *trompettes,* le *cornet,* les *cors,* les *trombones,* le *petit bugle* fournit un concours utile pour redoubler ou renforcer la partie supérieure dans les notes élevées. En un mot, c'est lui qui représente la *petite clarinette* à l'aigu des cuivres.

EXERCICE

(Remplir les deux portées libres dans la tonalité voulue)

2º BUGLE (contralto en SI ♭)

§ **128.**–Le *bugle* (en italien *fliscorno contralto*, en allemand *flugen horn in B♭*) est construit en si ♭.

Il s'écrit sur la clé de *sol* 2me ligne et résonne à la *quinte inférieure* du *petit bugle* et de la *petite clarinette* en *mi* ♭.

§ **129.**–Le mécanisme du *petit bugle* est semblable à celui du *cornet à pistons*.

Voici son étendue dans les trois registres de son échelle complète:

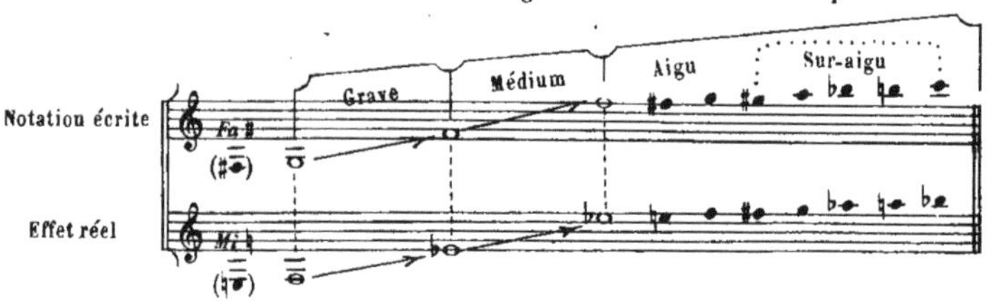

(Avec tous les intervalles chromatiques et diatoniques)

§ **129**^bis^–D'un timbre chaud, vibrant et sympathique, le *bugle* est le plus utile et le meilleur *soliste* des *Harmonies* et *Fanfares*.

Sa sonorité distinguée le désigne tout particulièrement pour la transcription des *voix de contralto* dont il a l'étendue du *grave* à l'*aigu*.

§ **130.**–Dans la pratique on peut affirmer que ses qualités de chanteur l'éloignent de toute comparaison avec le *cornet à pistons*.

L'exemple suivant en est la meilleure preuve. On remarquera, en effet, que dans ce chant d'un charme pénétrant, le *bugle* peut s'élever à la hauteur d'un sentiment digne de cette belle pensée musicale.

CH. GOUNOD – *Cinq-Mars*, Cantilène. (Fantaisie de *Th. Dureau*) Publié avec l'autorisation de Mr L. GRUS, Éd.- Propriétaire.

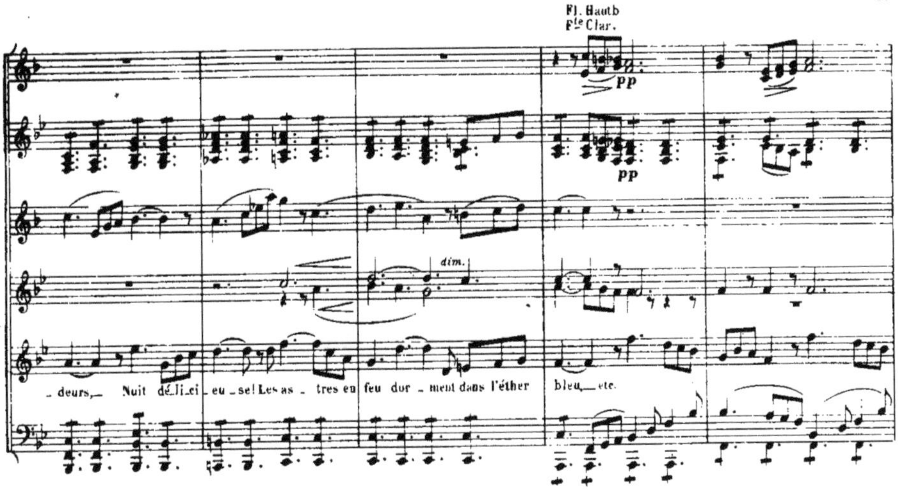
Fl. Hautb
F^le Clar.
pp
pp
dim.
_ deurs,_ Nuit dé_li_ci _ eu _ se! Les as _ tres en feu dor _ ment dans l'éther bleu,_ etc.

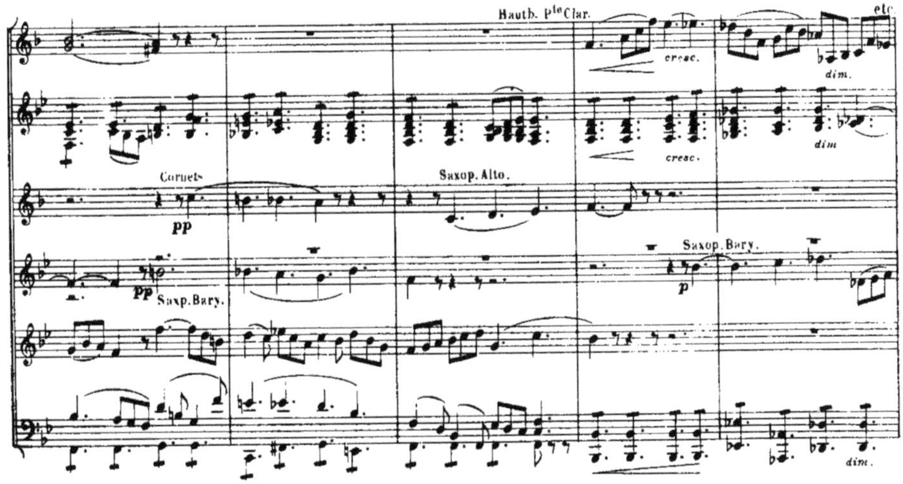
Hautb. P^le Clar.
etc.
cresc.
dim.
cresc.
dim
Cornets
pp
Saxop. Alto.
Saxop. Bary.
pp
Saxp. Bary.
p
dim.

§ **131.**—En *Harmonie* les *bugles* à deux parties remplacent les *grandes clarinettes* dans les dessins d'orchestre de la partition symphonique.

Dans l'ensemble instrumental. les *bugles réunis* se prêtent facilement aux combinaisons de l'orchestration sous toutes ses formes.

EXERCICE

All^o agitato.
Notation écrite
Sons réels

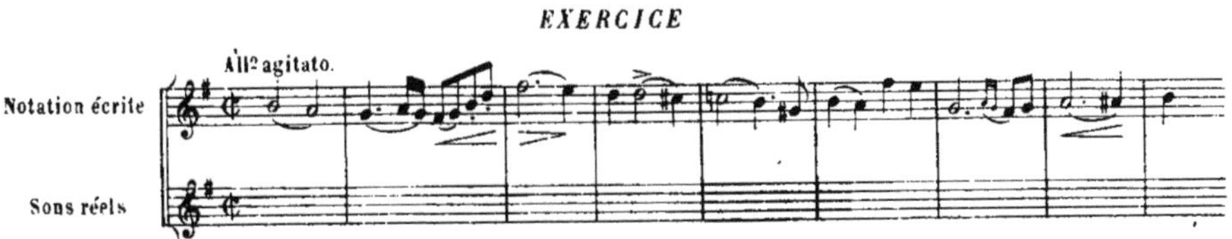

(Remplir la portée inférieure avec les indications nécessaires)

3º ALTO (Saxhorn en Mi ♭)

§ **132.**–*L'alto* en *mi ♭* ou *saxhorn alto*, (en italien *genes*, en allemand *alt flügenhorn in E ♭*) à trois pistons s'écrit sur la clé de *sol* 2me ligne et résonne à l'unisson du *saxophone alto*.

Voir pages 4-5 pour la transposition

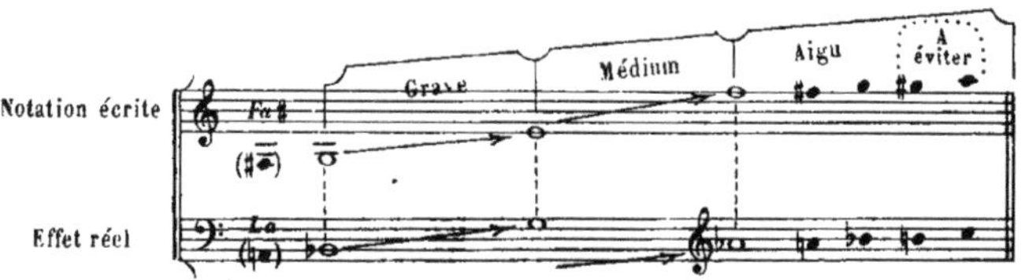

(Avec tous les intervalles chromatiques et diatoniques)

§ **133.**–*L'alto* en *mi ♭* est plutôt destiné au rôle modeste d'accompagnateur.

NOTA.– Si l'on compare *l'alto* dans ses rapports de justesse et de sonorité aux autres instruments de même nature, on peut convenir qu'il leur est inférieur. Cependant, entre les mains d'un bon instrumentiste, ses imperfections peuvent disparaître en partie, ou sont au moins, sensiblement atténuées.

§ **134.**–En *Harmonie*, on écrit *trois parties d'altos* sur deux portées en accolade. Comme pour les *cors*, on se sert de la clé de *sol* 2me ligne.

§ **135.**–Les *altos* remplacent les cors absents, concurremment avec les *bugles* dans leur partie *grave* ou *moyenne* (Ex. pages 38 et 39) – Dans les accompagnements, ils sont indispensables pour relier les *barytons* aux *saxophones* et aux *clarinettes*, ainsi qu'aux *trompettes* et *trombones* dans les *ff* et les tenues **p** et **pp**.

§ **136.**–Réunis aux *barytons* et à la *basse solo*, l'emploi des *altos* est excellent pour doubler ou soutenir un chant expressif.

Tous les *dessins* d'accompagnement en *noires*, en *croches*, en *arpèges* d'un mouvement modéré conviennent également aux *altos* en mi ♭.

J. MASSENET— *Le Roi de Lahore* (Marche céleste) (Transcription de *Th. Dureau*) Publié avec l'autorisation de MM^rs H. HEUGEL et Cie Éd.-Propriétaires.

Même mouvement.

Flûtes

Hautbois

Clarinettes Si♭

Altos Mi♭

1er Baryton Si♭

2e Baryton Si♭

Basses Si♭

C.-B. Si♭ et Mi♭

C^sse roul., Triangle
Tambour indien

(Effet réel Fa majeur)

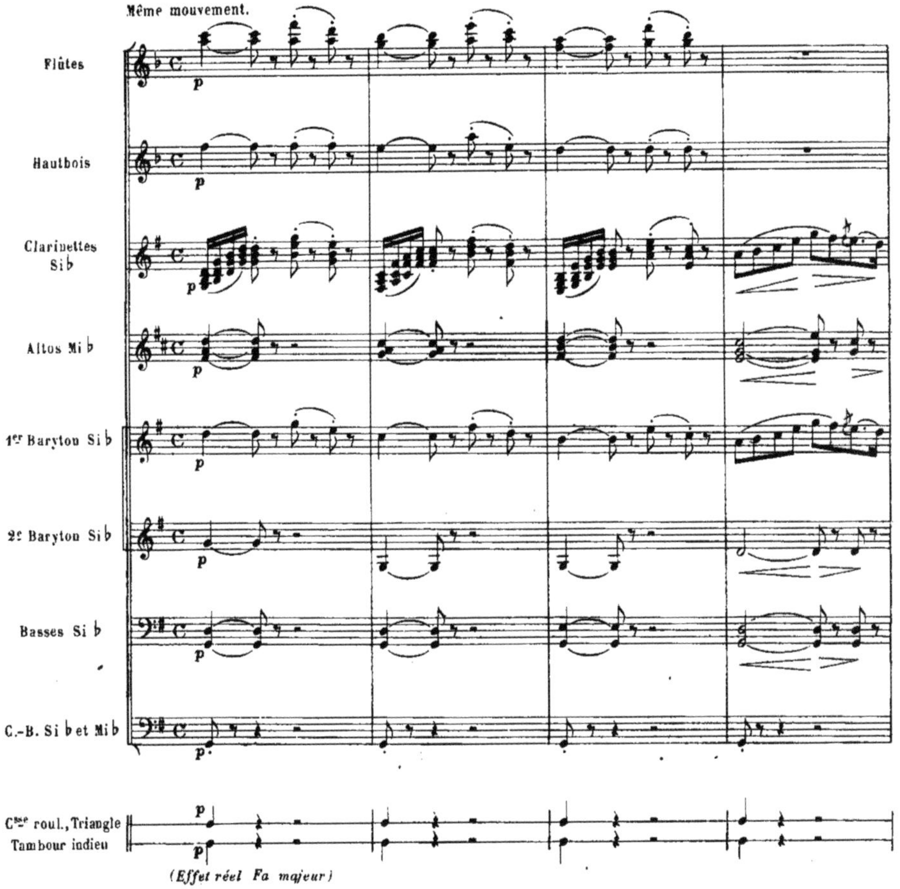

NOTA.—Les notes *graves* au-dessous de *l'ut* 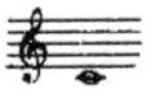 et les notes *aiguës* au-dessus du *sol* 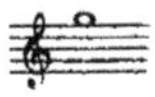 doivent être réservées pour les traits rapides ou les *soli.* Toutes les autres sont d'un emploi courant.

(Remplir la portée inférieure avec les indications nécessaires.)

4º BARYTON en Si ♭

§ **137.**—Le *baryton* ou *saxhorn* (en italien *clarone* ou *basso flicorno* en allemand *tenor horn in B♭*) est construit en *si* ♭ et s'entend une *quarte au-dessous* du précédent, soit une *octave* plus bas que le *contralto* en si ♭.

(Avec tous les intervalles chromatiques et diatoniques)

§ **138.**—Toutes les notes de l'échelle du *sol grave* au *la* sont d'une émission facile.

Les trois dernières du *registre aigu* exigent quelques précautions, mais elles sont néanmoins très abordables pour un instrumentiste habile.

§ **139.**—Logiquement, on devrait écrire le *baryton* en clé de *fa* pour les notes *graves* et en clé d'*ut* 4me ligne pour les notes du registre *aigu*.

Il y a là une erreur, en effet, puisque son rôle est de transcrire le *violoncelle*, les *bassons* et autres instruments similaires.

Le temps et l'expérience, il faut l'espérer, feront justice de cette anomalie.

§ **140.**—Le *baryton* est intimement lié aux *altos* dans ses fonctions d'accompagnateur, principalement pour jouer les parties de 3me et 4me *cor* dans les œuvres de musique classique quand ceux-ci font défaut.

Il s'écrit à *deux parties séparées*: la première pour les *soli* et les traits, la seconde pour renforcer l'harmonie.

§ **141.**—Tous les *solos*: Airs, Romances, Cavatines attribués à la voix de baryton peuvent lui être confiés.

§ 142.—Dans les traits rapides de *basses* et *contrebasses*, généralement lourds, les *barytons*, d'un volume plus léger et d'un timbre plus clair, peuvent en atténuer l'effet dans le sens d'une accentuation plus rationnelle.

(Remplir la portée libre sur les clés de *fa* et d'*ut* avec les indications de l'armature du ton réel correspondant.)

5º BASSE en SI ♭ (à pistons)

§ **143.**—La *basse* en *si* ♭ ou *saxhorn basse* (en italien *basso*, au pluriel *bassi;* en allemand *bass tuba* ou *euphonium*) est construite à l'unisson du baryton, mais elle possède une étendue plus grande dans les notes *graves* de son échelle complète, depuis l'invention de son mécanisme à *quatre pistons.* On y a ajouté plus tard un cinquième piston qui baisse l'instrument d'une quinte et permet de descendre jusqu'au *contre-fa grave.*

La clé de *fa* 4ᵐᵉ ligne est la seule en usage pour écrire les parties de basses (*solo* et accompagnement.)

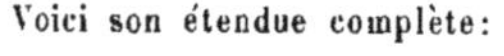

Voici son étendue complète:

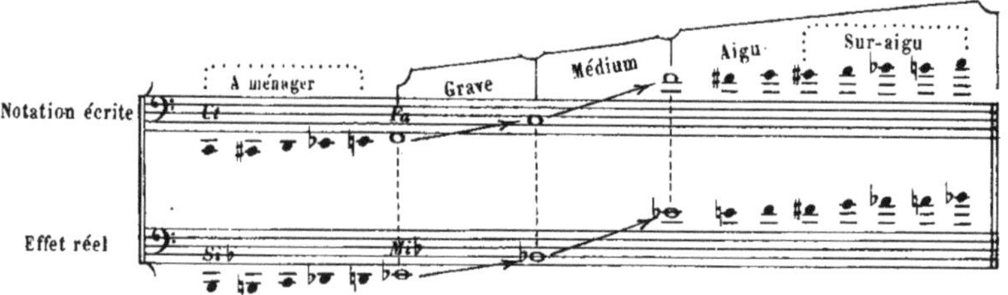

(Avec tous les intervalles chromatiques et diatoniques)

§ **144.**—Les registres *grave, médium, aigu* sont d'une émission facile pour les exécutants de moyenne force.

Les cinq dernières notes du *sur-aigu* sont très abordables pour un *soliste* éprouvé.

La série des notes de l'*extrême grave* (chromatique et diatonique) exige une étude spéciale pour mettre en valeur la beauté de leur timbre; c'est à tort qu'on en restreint l'usage, surtout dans les *soli*, d'abord parce que ces notes sont d'une utilité reconnue dans un trait de grande étendue, et que c'est faire injure à l'art d'orchestrer de les négliger dans une partition d'Harmonie.

§ **145.**—Six *basses* au moins, dont une *solo*, sont nécessaires pour équilibrer les forces de la partition dite de *grande Harmonie.* (Voir 2ᵉ Partie)

Leur rôle est à peu près semblable à celui des *violoncelles* de l'orchestre symphonique et il est permis de les diviser à l'occasion; mais il ne faut pas perdre de vue qu'elles sont plus spécialement destinées à soutenir l'édifice harmonique de la partition.

NOTA.—Sur ce point, nous croyons qu'il est superflu d'insister, estimant que les artistes instruits et bien doués sauront suppléer à la brièveté de nos démonstrations par une étude sérieuse et l'audition fréquente des transcriptions d'un mérite avéré.

Ajoutons seulement que les *airs* de *basse chantante* confiés à la *basse solo* doivent être choisis avec discernement, afin d'éviter des comparaisons plutôt défavorables à l'égard de celle-ci.

§ **146.**—A citer comme virtuosité le *grand air* du **Châlet**, d'AD. ADAM, très connu, mais qui donne la notion exacte de l'emploi de la *basse solo.* Les *airs variés* de concours sont nombreux où l'on verra que de véritables tours de force peuvent être exécutés sur cet instrument si ingrat en apparence.

L'exemple suivant fera connaître l'emploi des basses dans l'ensemble instrumental.

§ **147**.—Il importe d'ajouter, en outre, que les *basses* en *si* ♭ peuvent s'adjoindre, selon le cas, aux *clarinettes basses*, *saxophones baryton* et *basse*, aux *trombones* et *barytons* pour compléter ou renforcer les masses sonores dans l'ensemble des instruments réunis.

EXERCICE

(Remplir la portée inférieure au diapason réel.)

6º CONTREBASSE en Mi ♭

§ **148.**—La *contrebasse* en *mi* ♭ (en italien *bassi mi* ♭, en allemand *tuba in E* ♭) est construite à *trois pistons* seulement et résonne une quinte plus bas que la *basse* en *si* ♭, soit une *octave au-dessous* de l'*alto* en *mi* ♭, *deux octaves au-dessous* du *petit bugle* en mi ♭.(*)

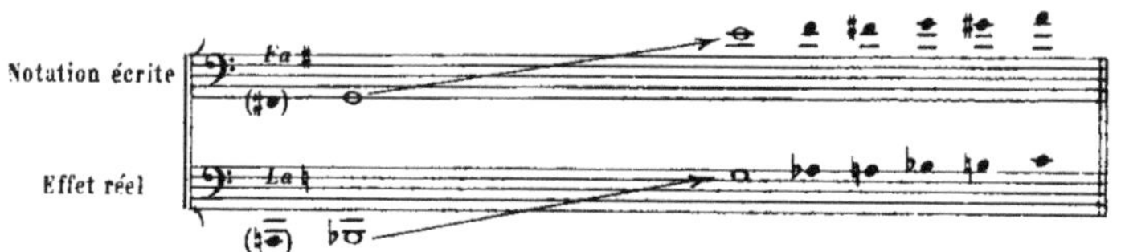

(Avec tous les intervalles chromatiques et diatoniques)

§ **149.**—Les bonnes notes de l'étendue de la *contrebasse* en *mi* ♭ sont comprises entre le *sol grave* et le *mi aigu,* (voir ci-dessus) avec faculté d'y ajouter le *fa* ♯ dans les cas exceptionnels.

Les cinq dernières notes, à l'*aigu,* sont d'une émission facile, à la condition que l'instrumentiste s'efforce de ne pas *cuivrer* les sons, ce qui causerait un préjudice *réel* au *fondu* de la sonorité générale.

§ **150.**—En Harmonie, on écrit une partie de contrebasse en mi ♭ pour deux exécutants, sur la clé de *fa,* et non sur la clé de *sol,* ce qui est une hérésie contre laquelle on ne saurait trop s'élever.

§ **151.**—Les fonctions de la *contrebasse* en *mi* ♭ consistent à doubler à l'*unisson* les *basses* en *si* ♭, ou à l'*octave inférieure,* suivant l'échelle des sons à parcourir.

NOTA.— Nous devons signaler ici la tendance fâcheuse de transcripteurs mal avisés, à *renverser* un trait de *basse* sous prétexte d'éviter les notes extrêmes de l'étendue, au *grave* ou à *l'aigu.*

Cette tendance, ou plutôt cette routine est de mauvais goût. Elle a le double inconvénient de compromettre la sonorité des basses réunies, en même temps qu'elle en défigure le contour mélodique.

§ **152.**—Dans une transcription, on est souvent gêné pour suppléer ou renforcer une note de cor *grave,* une pédale de *saxophone basse*, de *contrebasse,* etc.

Dans ce cas, on emploie la contrebasse en mi ♭, qui alors, interrompt son rôle particulier pour compléter l'effet d'une partition littéralement transcrite.

EXERCICE

(*) L'invention récente d'un quatrième piston donne à cet instrument la même étendue au *grave* que celle de la Basse en Si ♭.

CONTREBASSE en SI♭ grave

§ **153.**—La *contrebasse* en *si ♭ grave* ou *saxhorn contrebasse* (en italien *bassi si ♭*, en allemand *contrabass*) est construite à *trois* ou à *quatre pistons*, comme la précédente, une *quarte juste* au-dessous, soit *une octave plus bas* que la *basse* en *si ♭*, *deux octaves* au-dessous du *bugle* en *si ♭*.

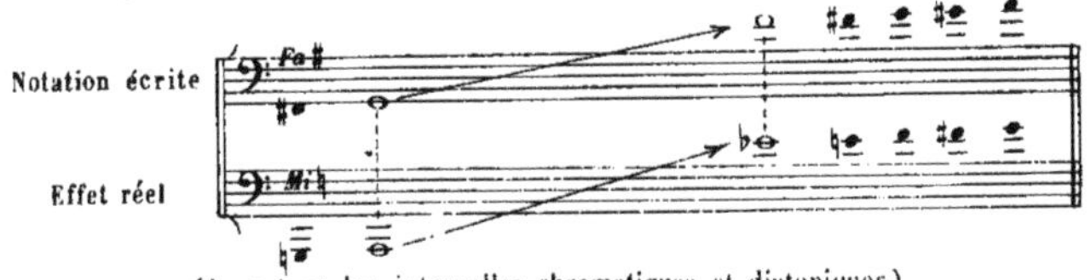

(Avec tous les intervalles chromatiques et diatoniques)

NOTA.—Pour l'emploi des bonnes notes de la portée normale et des notes exceptionnelles au *grave* et à *l'aigu*. (Voir § 149)

§ **154.**—La *contrebasse* en *si ♭* s'écrit sur la clé de *fa* 4me ligne et s'entend une *octave* plus bas.

La sonorité de cet instrument est puissante et superbe de profondeur quand l'artiste sait en obtenir des sons doux, pleins et non *cuivrés*, ce qui alors, ainsi que nous l'avons observé pour la *contrebasse* en *mi ♭*, serait d'un effet désastreux dans l'ensemble instrumental le mieux combiné.

§ **155.**—On n'écrit qu'une seule partie de *contrebasse* pour un pupitre de deux instrumentistes et même davantage quand c'est possible, en partant de ce principe que les *contrebasses mi ♭* et *si ♭* réunies forment la base la plus solide d'un édifice musical bien construit.

C'est surtout dans les *tutti* et les traits de basses qu'elle donne toute son ampleur à la polyphonie harmonique.

§ **156.**—Dans les passages **p** et **pp** aussi bien que pour les *pédales simples et doubles,* les contrebasses sont d'un effet certain.

Elles ont de plus l'avantage d'appuyer le *basson* dans ses notes les plus *graves* ainsi que la *clarinette basse,* le *saxophone basse* et le *sarrusophone contrebasse* en *mi* ♭ auxquels elles servent de trait d'union.

(Remplir la portée inférieure au diapason réel correspondant.)

RÈGLE GÉNÉRALE.—En principe, le rôle de la *contrebasse en si* ♭, est semblable à celui des *contrebasses à cordes* de l'orchestre symphonique, même pour exécuter ses *pizzicati* ou *pizz.*, qu'un instrumentiste de bonne volonté peut rendre en articulant d'un coup de langue sec et doux les passages portant cette indication, et enfin pour conclure, on retiendra que cette particularité s'applique également aux instruments choisis pour la transcription des *violons*, de *l'alto* et du *violoncelle.*

OBSERVATIONS

SUR L'EMPLOI DES INSTRUMENTS FACULTATIFS

En l'état actuel des musiques d'"Harmonie", le nombre des instruments dont elles se composent est déjà considérable; c'est à peine si les grandes sociétés peuvent s'adjoindre ceux que l'on désigne comme "*facultatifs*."

Voici sur chacun d'eux une note de leurs qualités respectives et de leurs attributions:

1° Le *cor anglais* (Voir page 11) qui s'impose par des qualités expressives de 1er ordre;

2° Le *sarrusophone contrebasse mi* ♭ (1), en Harmonie, peut se substituer à la *contrebasse à cordes;*

De même qu'il est apte à doubler les *contrebasses mi* ♭ et *si* ♭ des *cuivres,* il peut aussi dans ses bonnes notes, remplacer le *contrebasson* et prendre part, selon le cas, aux groupes réunis des instruments à anches et en cuivre.

Voici son étendue complète:

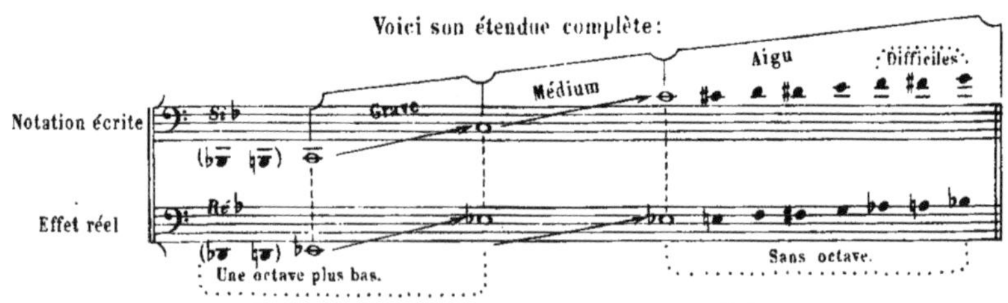

(1) Le *sarrusophone* inventé en 1863, par M. SARRUS, chef de musique de l'armée française, forme une famille de sept types différents: *soprano, alto, ténor, basse, contrebasse* en *mi* ♭, *contrebasse* en *ut.* De tous ces types, on n'a conservé que le dernier. Le compositeur J. MASSENET s'en est servi dans son opéra "*Esclarmonde.*"

3º La *clarinette basse en si♭* étudiée d'autre part (Voir page 22)

4º Le *saxophone basse en si♭* (Voir page 28)

5º Le *trombone alto à pistons en mi♭*, lequel est identique d'étendue et de doigté à *l'alto* des cuivres du 5º groupe (Voir page 50) et trouve son emploi pour transcrire la voix de *haute-contre* dans les œuvres de musique ancienne. Depuis longtemps négligé, le *trombone alto* est désormais maintenu dans la réglementation générale des instruments de la musique militaire. Il faut s'en féliciter.

A côté de ces cinq instruments, il en existe d'autres encore que l'on pourrait ranger dans une catégorie spéciale, savoir:

Le *trombone basse en fa* et le *trombone contrebasse en ut* (1) qui ne sont d'aucune utilité dans l'instrumentation actuelle et dont nous ne parlons ici que pour mémoire.

Le *contrebasson* (2) qui joue le rôle de contrebasse à l'égard du *basson* ordinaire, mais dont les dimensions et le prix élevé sont un obstacle sérieux à son admission dans un orchestre d'Harmonie.

Reste la contrebasse à cordes que l'on ne doit pas négliger pour compléter la palette musicale déjà si riche par la diversité de ses éléments sonores et dont l'usage en Harmonie est généralement adopté.

CONTREBASSE à cordes

§ 157.—La *contrebasse à cordes* est le plus *grave* des instruments à archet de l'orchestre symphonique.

La *contrebasse* est construite à *trois* ou à *quatre* cordes.

Dans le premier cas, elle s'accorde en *quinte*, dans le second en *quarte*.

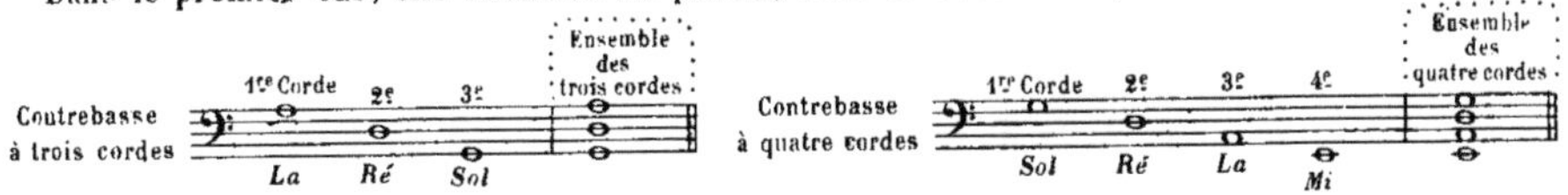

La contrebasse s'écrit sur la clé de *fa 4e ligne.*

Voici son étendue à *trois* et à *quatre* cordes:

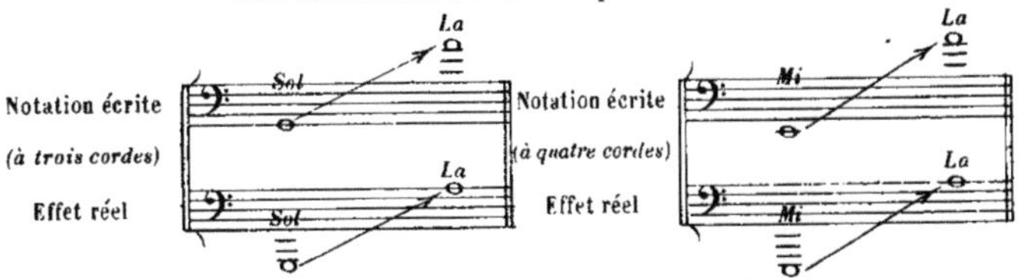

(Avec tous les degrés chromatiques et diatoniques)

NOTA.— La contrebasse à trois cordes encore en usage dans les sociétés d'Harmonie, tend à disparaître pour faire place à la contrebasse à quatre cordes qui lui est supérieure dans son étendue au *grave*.

§ 158.—Le volume de la *contrebasse à cordes* la rend peu propre à l'exécution des traits rapides. Son rôle consiste plutôt à renforcer les Basses de l'Harmonie en les redoublant à l'octave inférieure; mais elle est surtout précieuse pour les effets de puissance, de rondeur et de moelleux par l'emploi des sons *liés*, des *trémolos* et des *pizzicati*, et même des fusées que l'on obtient en glissant sur le manche.

C'est en raison de ces qualités que la *contrebasse à cordes* peut rendre de réels services dans les orchestres d'Harmonie.

(1) Le *Trombone basse en ut* n'a été employé qu'une seule fois par R. WAGNER dans *l'Anneau des Nibelung*.

(2) Considérablement réduit dans ses proportions, le *Contrebasson*, perfectionné par la maison EVETTE et SCHAEFFER est admis aujourd'hui à l'orchestre de l'Opéra.

CHAPITRE VII

INSTRUMENTS A PERCUSSION

(6e GROUPE)

§ 159.—Le groupe des instruments à *percussion* se compose:

1º Des Timbales; (la paire)

2º De la Caisse claire ou roulante;

3º De la Grosse Caisse;

4º Des Cymbales; (la paire)

5º Du Triangle et des accessoires. (Jeu de Timbres, Xilophone, Tam-Tam, etc.)

1º TIMBALES

§ 160—Les *timbales* (en italien *timpani*, en allemand *pauken*) se composent de deux bassins semi-sphérique en cuivre, recouverts d'une peau de veau fortement tendue par un cercle de fer muni d'écrous à vis.

§ 160bis—La dimension des timbales adoptées dans les différents théâtres est la suivante:

		Diamètre		Profondeur	
Grandes timbales	(1)	Diamètre 80 centimètres,		profondeur 50	Opéra
	(2)	» 72	»	» 47	
Timbales moyennes	(3)	» 64	»	» 43	Opéra comique
	(4)	» 56	»	» 30	

§ 161.—Pour obtenir le son sur la peau tendue des timbales, on se sert de deux baguettes en bois de frêne ou d'ébène de poids et de longueur semblables.

Les baguettes en ébène dites à *tête d'éponge* sont généralement préférées en raison de leur élasticité et de la qualité du son qu'elles produisent.

§ 162.—Les maîtres anciens ne faisaient usage des timbales que dans des cas relativement restreints. Le plus souvent, ils se bornaient à leur faire frapper la *tonique* et la *dominante* du ton principal, ou à les associer aux *trompettes*, purement et simplement.

Après eux, BEETHOVEN trouva dans leur emploi des effets d'une inépuisable variété.

§ 163.—Depuis HÆNDEL, BACH, MOZART, BEETHOVEN et tous les compositeurs qui ont précédé MEYERBEER, on n'a guère utilisé que deux timbales.

Aujourd'hui, ce maître a fait école; bon nombre d'ouvrages en exigent trois, quatre, six et jusqu'à huit avec quatre timbaliers.

Les partitions de MEYERBEER: **Robert le Diable**, le **Prophète**, **l'Africaine**, le **Tuba mirum** (*Messe des morts* de BERLIOZ) la **Tétralogie** de R. WAGNER fournissent à l'élève les meilleurs exemples à suivre.

§ **164.**—La musique de *timbales* s'écrit sur la clé de *fa 4me ligne* sans indication de tonalité. Aujourd'hui encore, on a conservé l'habitude d'indiquer en toutes lettres le nom des *notes réelles* fournies par le son des instruments préalablement accordés dans la tonalité voulue.

EXEMPLES

Voici en *sons réels* l'étendue normale des *timbales* accordées en quarte ou en quinte dans différentes tonalités.

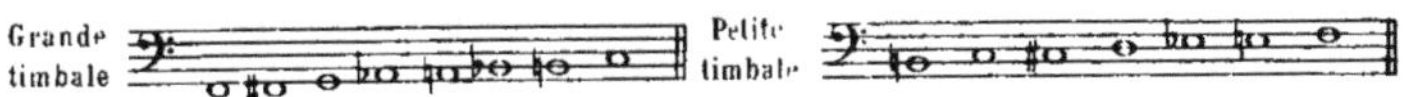

NOTA.—Les Allemands ont conservé l'usage des lettres pour indiquer le ton des timbales.

Pauke	in A,	in B,	in C.	in D.	in E.	in F.	in G.
(1 timbale)	en LA.	en SI.	en UT.	en RÉ,	en MI,	en FA,	en SOL.
Pauken	A-E,	B-F,	C-G,	D-A.	E-B.	F-C,	G-D.
(2 timbales)	LA-MI.	SI-FA.	UT-SOL,	RÉ-LA,	MI-SI,	FA-UT,	SOL-RÉ.

§ **165.**—Les rythmes les plus varies, dans toutes les mesures à *temps*, à *contretemps*, les nuances les plus délicates et même les notes d'agrément s'exécutent sur les *timbales*.

L'emploi des timbales est "facultatif"; nous les maintenons néanmoins parce que l'usage s'en répand de plus en plus et qu'aucun autre instrument à percussion ne peut lui être comparé pour la transcription d'une œuvre symphonique importante.

Leur rôle est sensiblement le même qu'à l'orchestre, mais à deux timbales seulement.

§ **166.**—Les *coups de timbale* autrefois très compliqués, se réduisent à cinq qui sont:

1º Les *coups simples* qui s'exécutent sur les deux timbales avec les deux baguettes, séparément ou simultanément en laissant vibrer les sons après la percussion.

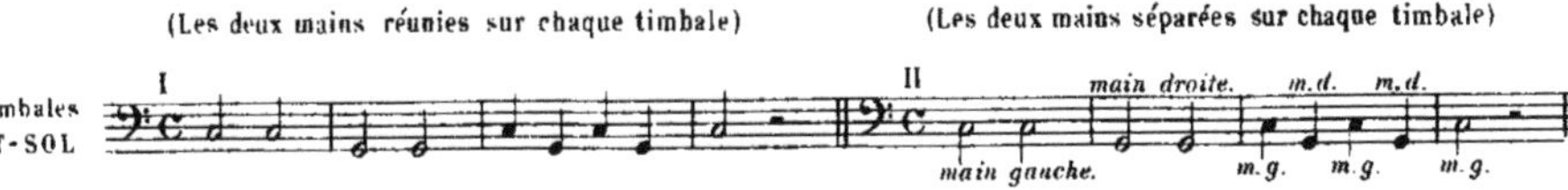

2º Les *coups secs* qui se trouvent sur les valeurs brèves et s'exécutent en *étouffant* le son par un mouvement rapide de la main libre sur la peau de l'instrument.

(Le signe ' indique l'endroit où le son doit être étouffé)

3º Le *roulement* dont l'emploi est des plus important dans les nuances **p, pp, *f*, *ff***, *crescendo* ——— *decrescendo* ———, *sforzando, diminuendo, smorzando,* etc. que l'on étudie lentement d'abord, puis progressivement de plus en plus vite, en frappant un coup de baguette de chaque main et à intervalles bien égaux.

4º Le *roulement alterné* qui se fait en passant alternativement d'une timbale à une autre.

5º Le *roulement double* que l'on obtient en frappant de chaque main sur deux timbales à la fois.

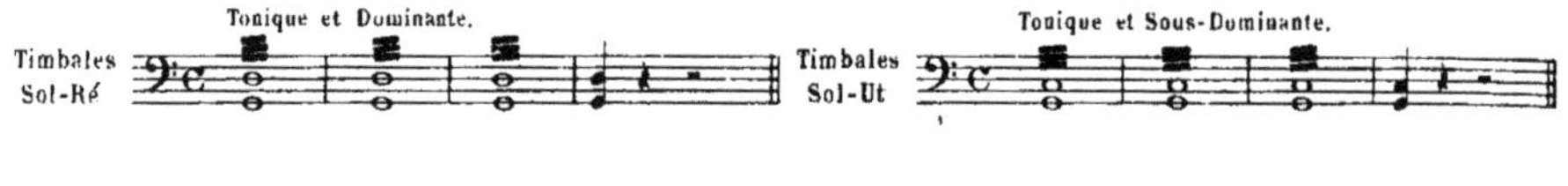

La notation du roulement s'indique également par les abréviations ci-après:

NOTA.– Les notes écrites de la partie de *timbales* – soit comme consonance ou dissonance – doivent entrer dans la composition des accords. On tolère un écart à distance de *seconde mineure,* mais rarement au-delà.

Voici un exemple de *quatre timbales* accordées *ad hoc:*

§ **167.**–Quand il s'agit d'exprimer un sentiment sombre, douloureux ou funèbre, on se sert de *timbales voilées,* recouvertes d'un morceau de drap sur la peau, et dont l'effet produit un son lugubre en rapport avec le caractère de l'œuvre à traiter.

NOTA.– Les *coups anciens:* les *moulinets,* les *croisés,* sont de pure fantaisie et n'auraient de véritable intérêt que si l'on voulait les exécuter sur une timbale seule comme le font les tambours pour battre les Rigodons, la Diane, etc. (1)

(1) Pour compléter cette étude, voir les Méthodes de G. KASTNER, TH. DUREAU.

2º CAISSE CLAIRE

§ **168**.—La *caisse claire* ou *tambour* (en italien *tambouro militare*, en allemand *trommel*) est avant tout un instrument de rythme.

Dans sa forme, la *caisse claire* ne diffère du *tambour* que par les tringles à vis dont on se sert au lieu de *cordes* pour la tension des peaux.

§ **169**.—La *caisse claire* s'écrit sur la clé de *sol* ou sur une seule ligne que l'on ajoute au bas de la partition avec deux petites barres remplaçant la clé et que l'on place au commencement de chaque ligne. Ex. etc.

§ **170**.—La caisse claire se bat avec deux baguettes en ébène dont l'extrémité supérieure est arrondie en forme d'olive, d'après les principes contenus dans les méthodes de tambour.(1)

Les divers coups de baguettes sont indiqués comme suit:

1º Le coup de baguette simple (de la main gauche ou de la main droite ou)

2º Le *fla*. . . . .

3º Les *ras* de *trois*, de *quatre*, de *cinq* et jusqu'à *neuf* que l'on représente par des petites notes en nombre égal aux coups de baguettes voulus.

Ex. *ra de trois* ( ) *ra de quatre* ( ) *ra de cinq* ( ) etc.

4º Le *coup de charge TA-DA*. . . . .

5º Le *coup anglais* . . . .

6º Le *tra*. . . . . tr

7º Le *roulement*. . . . . . Allegro Moderato Adagio

8º Les *roulements courts* ou ou etc.

NOTA.—Les *coups de fantaisie*: *ras de cinq sautés* *coulés* et *ratés*, *pa, ta, ra, ta, frisés*, etc. relèvent de la tradition conservée chez les anciens tambours et n'ont aujourd'hui aucune utilité pratique.

§ **171**.—Considérée comme *tambour*, la *caisse claire* a sa place marquée à la tête des troupes en marche.

En orchestre où elle participe à l'accentuation des rythmes, son rôle est tout autre; mais c'est surtout dans les nuances **p**, **pp**, *f*, *ff*., dans un *crescendo* de longue durée, concurremment avec les autres instruments à percussion que son intervention est indispensable pour atteindre le summum des effets de puissance et d'énergie.

(1) Voir Méthode de tambour faisant suite à la *Nouvelle Méthode* de Timbales par TH. DUREAU.

§ 172.—Précédant un appel de *trompettes* dans une marche héroïque, l'effet produit est des plus saisissant.

§ 173.—La *caisse roulante*, d'une forme plus allongée, dont le fût est en bois et sans timbre à la peau inférieure, donne un son assombri que ne possède pas la *caisse claire*.

En Harmonie, elle remplace les timbales; mais comme instrument à *sons indéterminés*. Elle peut de plus les suppléer dans les passages où celles-ci sont obligées de s'interrompre dans les modulations passagères.

Les principes exposés pour *battre la caisse claire* sont identiques pour l'étude de la *caisse roulante*.

3º GROSSE CAISSE

§ 174.—La *grosse caisse* (en italien *gran cassa*, en allemand *grosse trommel*) est un tambour de grande dimension, en bois ou en cuivre, garni de tringles à vis et recouvert de deux peaux dont l'une, la *peau de batterie*, se frappe de la main droite avec une mailloche à tête ronde enveloppée d'une peau de daim fortement rembourrée; l'autre (celle de gauche) que l'on frappait autrefois avec une sorte de verge pour en prolonger le son.

§ 175.—Cet instrument primitivement en usage dans la *musique militaire* a pris rang dans l'orchestre symphonique où on l'emploie avec succès dans les œuvres de musique moderne.

§ 176.—Dans une partition, il suffit d'une seule ligne tracée entre deux portées pour écrire la partie de *grosse caisse*.

§ 177.—Pour exécuter le *roulement* en imitant le *tonnerre*, on saisit la mailloche par le milieu du manche, et l'on frappe la *peau de batterie* alternativement en agitant le poignet d'un mouvement léger, mais très rapide.

Le roulement du tonnerre s'indique ainsi:

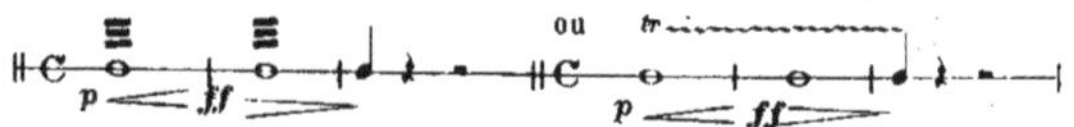

§ **178.**—Avec la grosse caisse, on obtient les effets les plus puissants et les plus variés, tels que la préparation et le couronnement d'un formidable *crescendo* auquel succède un *pianissimo* mystérieux qui transporte l'auditeur dans l'infini et lui donne l'illusion du grondement lointain du canon, du bruit des vagues et de l'orage qui s'enfuit.

Dans l'exemple suivant, l'auteur a employé la grosse caisse seule pour imiter le son du canon.

OBSERVATIONS — On abuse souvent de la *grosse caisse* dans les orchestres *d'Harmonie et de Fanfare*, soit pour renforcer les *ff*, soit sous d'autres prétextes. Il y a là un danger par lequel on s'expose à dénaturer les intentions du compositeur.

En principe, il est de mauvais goût de s'en servir à tout propos, par exemple, dans une modulation hardie dont l'effet voulu disparaîtrait bientôt au milieu d'un bruit vulgaire et sans intérêt pour l'auditeur.

En un mot, on ne doit pas oublier que dans une *ouverture* ou une *sélection* d'opéra, elle concourt à l'ensemble instrumental, au même titre qu'à l'orchestre symphonique.

Il en est autrement dans la musique militaire où son rôle est tout indiqué pour l'accentuation rythmique dans les *marches* et *pas-redoublés*, concurremment avec le tambour, les cymbales, le triangle, etc.

4º CYMBALES

§ **179.**—Les *cymbales* (en italien *piatti*, en allemand *becken*) se composent de deux disques ou plateaux d'un métal spécial de 30 cent. de diamètre sur 2 millimètres d'épaisseur.

Le *jeu des cymbales* consiste à frapper les *deux disques* l'un contre l'autre par un mouvement de *haut en bas* pour la cymbale de droite, et inversement pour la cymbale de gauche.

De ce choc résultent les vibrations dont la durée est fixée par la notation usuelle. Ex. All° mod^to ... *sec*

§ **180.**—Les vibrations se prolongent en écartant les deux cymbales après les avoir frappées l'une contre l'autre. Pour arrêter les vibrations, il suffit de ramener vivement les cymbales contre ses vêtements.

§ **181.**—Le coup *sec* s'obtient en laissant les cymbales étroitement réunies après avoir frappé le dernier.

En frappant sur une cymbale avec la mailloche de la grosse caisse, on produit des effets à peu près semblables à ceux du *tam-tam*. Dans ce cas, on appelle l'attention du cymbalier par l'indication suivante: Laissez vibrer

§ **182.**—Dans les morceaux ayant un caractère *descriptif*, il y a diverses manières d'obtenir des effets nouveaux, soit en frappant sur le bord extérieur de la *cymbale* avec une baguette de *timbale*, de *tambour*, de la *tige de fer* du *triangle*, soit encore par un *roulement* que le tambour de musique y exécute avec ses deux baguettes, soit enfin par tous les moyens que le compositeur indique lui-même pour ajouter à l'expression dramatique ou fantastique de son œuvre.

OBSERVATIONS — On voit souvent dans les orchestres le même exécutant frappant de la main gauche sur la seconde cymbale attachée à la grosse caisse, et cela, sans cesser d'exécuter sa propre partie; cet usage est des plus défectueux.

Outre qu'un pareil procédé est disgracieux dans la pratique, il a le très grand inconvénient de compromettre la sonorité des deux instruments à la fois.

5º TRIANGLE

§ **183.**—Le *triangle* (en italien *triangolo*, en allemand *triangl*) est composé d'une verge en acier ployée en forme de triangle non fermé que l'on frappe de la main droite avec une tige du même métal appelée *batte*.

Ce petit instrument produit des sons d'une extrême finesse; il a cet avantage particulier qu'il se prête facilement à toutes les combinaisons de la notation rythmique.

Quoiqu'il appartienne plutôt à la catégorie des instruments de *batterie*, il n'en est pas moins très utile en orchestration. Les compositeurs le savent et s'en servent avec succès dans les morceaux de tout genre et de tout caractère.

J. MASSENET — *Le Roi de Lahore*. (Transcription de Th. Dureau) Publié avec l'autorisation de MM. H. HEUGEL et Cie Ed.-Propriétaires.

CHAPITRE VIII

ACCESSOIRES D'ORCHESTRE

§ **184.**–Les *accessoires d'orchestre* forment une catégorie spéciale dont l'emploi offre aux compositeurs modernes, avides de sensations nouvelles, des ressources nombreuses et variées.

Parmi les plus connus on distingue

LE
JEU DE TIMBRES

§ **185.**–Le *jeu de timbres* ou *carillon* (en italien *campane,* en allemand *glockenspiel*) est formé d'une boite carrée renfermant un clavier correspondant à une série de *lames d'acier* accordées au *diapason normal, une octave au-dessus de la notation écrite.*

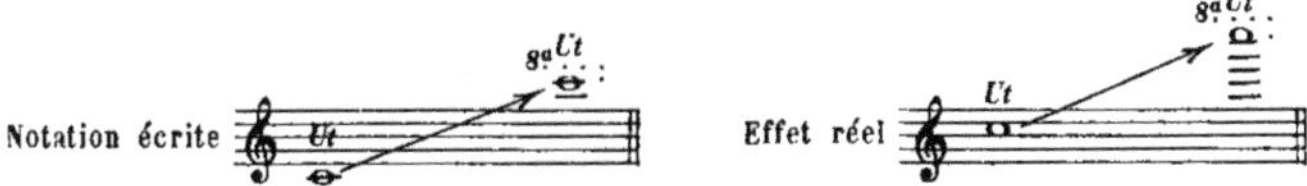

(soit *trois octaves* d'étendue avec tous les degrés chromatiques et diatoniques)

NOTA.– Le *jeu de timbres* perfectionné, tel qu'il existe aujourd'hui, permet à toute personne jouant du piano, de s'en servir à l'orchestre.

§ **186.** L'exemple suivant se joue à deux mains, comme le piano.

LE
XILOPHONE

§ 187.—Le *xilophone* (en allemand *holz harmonica*) ou *claque bois* en vieux français, est construit sur une tablette où sont solidement attachées deux *cordes à boyaux* sur lesquelles on fixe des lames graduées en bois de sapin très sec que l'on isole les unes des autres au moyen de petits paquets de paille, et que l'on fait vibrer en les frappant avec deux petites baguettes à tête ronde, en bois de frêne, à peu près semblables à celles dont se servent les timbaliers.

§ 188.—Le *xilophone complet* comprend *trois octaves* que l'on écrit sur la clé de sol 2me ligne et s'entend *une octave* au-dessus de sa *notation écrite;* mais le plus généralement employé est le xilophone commun dont l'étendue se borne à une *octave* et une *quinte majeure*, avec tous ses degrés chromatiques et diatoniques.

(Avec tous les degrés chromatiques et diatoniques)

(1) Cet instrument peut être construit un *ton* et même *deux tons* plus bas suivant les nécessités de la tonalité choisie par le compositeur.

§ **189.**—Dans l'exemple suivant, la partie de xilophone exprime avec une vérité saisissante, le sentiment étrange que l'auteur a voulu dépeindre dans cette composition célèbre:

§ **190.**—Mais parmi les instruments à lames d'acier, de bois, de verre ou de toute autre matière, c'est incontestablement au premier rang que se place

LE
CÉLESTA

§ **191.**—Le *célesta*, instrument à clavier et à percussion, dû à l'invention du facteur Mustel, dans sa forme actuelle (petit harmonium) renferme un mécanisme pourvu de marteaux mettant en vibration un système de plaques d'acier d'une pureté de son, d'une limpidité et d'un charme jusqu'alors inconnus.

Son étendue parcourt *cinq octaves* en partant de l'*ut* correspondant aux tuyaux de *4 pieds* dans l'orgue, soit en

La pédale *forte* dont il est muni, comme le piano, permet à l'exécutant de prolonger le son en levant les étouffoirs placés à l'intérieur de l'instrument.

Adopté dans la plupart de nos grands orchestres, le *célesta* est fréquemment employé dans les ouvrages de SAINT-SAËNS, MASSENET, DELIBES, WIDOR, E. PESSARD, SAMUEL ROUSSEAU, PIERNÉ, etc.

LE TAM-TAM

§ **192.**—Le *tam-tam* ou *gong* est originaire de la Chine ou des Indes orientales.C'est une plaque circulaire en bronze dont les bords sont relevés et que l'on frappe avec une mailloche recouverte de feutre ou de liège. Cet instrument est assez connu pour que l'on se dispense de longs développements à son sujet.

Rappelons seulement les effets de terreur qu'il produit dans la scène si dramatique de la *résurrection des nonnes* de **Robert le Diable,** opéra de MEYERBEER.

D'ailleurs, qui ne se souvient de son accent lugubre dans le *miserere* du **Trouvère** et de la profonde sensation ressentie à la première audition de cette pensée géniale.

§ **193.**—Les vibrations du *tam-tam* sont lentes et continues, les coups ne doivent se frapper qu'à de rares intervalles sur des notes d'une valeur relative.(1)

(1) Le tam-tam fut entendu pour la première fois à Paris, le 4 Juillet 1791, dans une *marche funèbre* composée par J. GOSSEC pour les obsèques de Mirabeau. On cite à ce propos le témoignage d'un chroniqueur qui s'exprimait ainsi: "Cependant le bruit du tam-tam (instrument arabe) mêlé à celui des cymbales et des cuivres et interrompu par intervalles de silence, donnait à l'âme les sensations les plus tristes et inspirait le recueillement."

Extrait du recueil de musique exécutée aux fêtes de la Révolution, par CONSTANT PIERRE.

TAMBOURIN

§ **194.**—Le *tambourin* est une espèce de tambour très allongé, sans timbre, que l'on frappe avec une petite baguette en bois tourné, dont le manche très menu est surmonté d'une petite tête ronde.

C'est l'instrument provençal par excellence. Dans les *farandoles*, le *tambourineur* s'accompagne de la main gauche avec une petite flûte appelée *galoubet*.

Sa notation s'effectue sur des valeurs en groupes de notes qui varient peu et dont on se sert pour accentuer le rythme dans les morceaux ayant un caractère villageois.

TAMBOUR BASQUE

§ **195.**—Le *tambour basque* (en italien *tamburetto*, en allemand *schellen tremmel*, en espagnol *pandero*) est formé d'un cercle de bois mince de quatre à cinq centimètres de large que l'on couvre d'une peau tendue au moyen de petites tringles à vis.

Autour de ce cercle sont attachées de petites cymbales en cuivre qui résonnent dès qu'on touche la peau.

§ **196.**—Le *tambour basque* (on ignore son origine) étant surtout destiné à donner de la vigueur au rythme des danses populaires en Espagne, il serait difficile de donner des règles précises pour atteindre la virtuosité de nos voisins sur cet instrument.

§ **197.** Les *coups* les plus connus sont au nombre de trois, savoir:

1º Le *coup sec* que l'on obtient en frappant fortement la peau avec le poing fermé, le pouce allongé sur la deuxième phalange de la main droite;

2º Le *trille* qui se fait en agitant verticalement l'instrument dans la main gauche;

3º Le *coup du pouce* qui consiste à faire glisser le pouce de la main droite sur la peau préalablement enduite de *colophane* en poudre, de façon à produire cet espèce de *ronflement* auquel s'ajoute le *frémissement* des petites cymbales.

NOTA.—On observera que l'indication des coups est fournie par le compositeur en notation usuelle, lequel doit tenir compte du perpétuel bruissement des petites cymbales.

CASTAGNETTES

§ **198.**—Les *castagnettes* (en italien *castagnetta*, en allemand *kastagnetten*, en espagnol *castanuelas*) comme le *tambour basque*, sont très en vogue en Espagne où elles jouent le principal rôle dans les mœurs populaires.

Le dessin de ces petits instruments représente assez fidèlement les deux valves d'une chataigne ouverte.

On les attache à la seconde phalange du pouce avec un ruban suffisamment long pour que ses coquilles soient distantes l'une de l'autre de trois centimètres environ.

Pour suppléer à ces petits instruments d'une exécution assez difficile, on a imaginé de les fixer à une spatule du même bois, mais le son n'est plus le même, et pour s'en rendre compte, il suffit de se figurer l'entrain des espagnols dansant le *boléro*, le *fandango*, la *cachucha* etc.

La notation des castagnettes s'écrit sur la partie de timbales. C'est ordinairement au timbalier ou au tambour de musique que cette partie est confiée.

§ **199.**—Parmi les "*accessoires d'orchestre*" que nous avons décrits, il en est d'autres encore; tels que le *sistre*, de forme ovale, en métal sonore et dont les égyptiens se servaient à la guerre ou dans les cérémonies religieuses. [1]

Nous passerons légèrement sur l'emploi du *carillon* (remplacé par le *jeu de timbres* et le *célesta*) des *cloches*, de l'*enclume*, du *fouet*, des *grelots*, des *armes à feu*, de la *corne d'appel*, du *sifflet*, et même des jouets enfantins: la *crécelle*, la *caille*, le *mirliton*, le *coucou*, la *petite trompette*, etc. qui tous sont du domaine de la fantaisie et nous dispensent d'en indiquer l'emploi.

RÉSUMÉ

Les démonstrations, les exemples et les exercices contenus dans la première partie de ce cours suffiront au lecteur pour se rendre exactement compte de la valeur intrinsèque et artistique de chacun des éléments sonores que nous avons étudiés, ainsi que de leur emploi dans les orchestres d'"Harmonie".

Mais avant d'aborder les matières spéciales à l'*orchestration*, nous engageons les élèves à faire eux-mêmes un *résumé* de leurs travaux, en prenant pour base chacune des propositions suivantes:

1º—La construction des instruments; (mécanisme, doigté)
2º—La qualité de leurs timbres; (douceur, énergie)
3º—Leur étendue au *grave*, au *médium* et à l'*aigu*;
4º—Leur portée *moyenne* et *exceptionnelle*;
5º—Leur *diapason* comparé à l'*effet réel*;
6º—Leur emploi comme *accompagnateurs* ou *solistes*, etc.

---

(1) Dans son Opéra "*Les Troyens*" de H. BERLIOZ, l'auteur s'est servi de petites *cymbales antiques* construites sur le modèle de celles qu'on a découvertes à Pompéi.

Sans insister sur ce point, nous croyons pouvoir affirmer que les jeunes compositeurs auraient un intérêt de premier ordre à se documenter sur ces instruments qui, à peu d'exceptions près, sont en usage dans les orchestres symphoniques.

Comme travail, et en dernière analyse, le tableau suivant en forme de partition réduite, a pour but de préparer l'élève à la notation exacte des instruments transpositeurs dans les tonalités correspondant au *diapason réel.*

(à continuer sur les groupes II, III, IV, V, dans les tonalités de *do min. la ♭, fa min. la min. ré min.*)

L'exemple ci-dessus est écrit dans la portée moyenne de chacun des instruments. Il sera d'ailleurs facile d'établir les rapports d'*étendue* et de *diapason,* en se reportant aux principes déjà étudiés sur les importantes matières relatives à l'instrumentation et à la composition instrumentale des musiques d'Harmonie.

Ainsi préparés, les élèves trouveront dans les exercices d'orchestration de la 2me partie, l'application des moyens mis à leur disposition pour établir une partition complète, et dont sa bonne ordonnance dépend surtout de leurs aptitudes personnelles.

FIN DE LA PREMIÈRE PARTIE

A. L. 11,209. (1) Paris, Imp. Delpiésente.

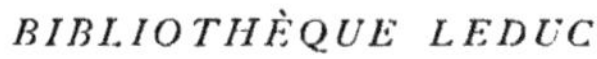

BIBLIOTHÈQUE LEDUC

COURS

THÉORIQUE & PRATIQUE
D'INSTRUMENTATION & D'ORCHESTRATION

À L'USAGE

DES SOCIÉTÉS DE MUSIQUE INSTRUMENTALE

HARMONIES & FANFARES

PAR

TH. DUREAU

PREMIER VOLUME :	*Instrumentation.*	(B. L. n° 381).	Net.	**8** fr.
SECOND VOLUME :	*Orchestration.* / *Fanfares...*	(B. L. n° 382).	Net.	**7** fr.

ALPHONSE LEDUC
(EMILE LEDUC, P. BERTRAND ET Cie)
3, rue de Grammont, PARIS

TH. DUREAU

COURS THÉORIQUE ET PRATIQUE

D'INSTRUMENTATION ET D'ORCHESTRATION

A L'USAGE DES SOCIÉTÉS MUSICALES (HARMONIES ET FANFARES)

DEUXIÈME PARTIE

ORCHESTRATION

Avant de commencer l'étude de l'orchestration, c'est-à-dire de la mise en œuvre des divers instruments étudiés au cours de la première partie, nous résumons d'abord dans le tableau ci-après, tous les instruments de l'Harmonie, *disposés dans l'ordre de la partition,* avec indication de leur étendue *usuelle* et *exceptionnelle,* des *clés supposées* pour la transposition et du rapport existant pour chacun d'eux entre la *notation écrite* et le *diapason réel.*

(Voir le Tableau à la page suivante)

Paris, ALPHONSE LEDUC (Emile Leduc. P. Bertrand & Cie) A.L. 11,209. (2-3)

TABLEAU RÉCAPITULATIF DES INSTRUMENTS DE L'"HARMONIE"

indiquant leur *étendue usuelle et exceptionnelle*, les clés *supposées* pour la transposition, leur rapport entre la *notation écrite* et le *diapason réel*.

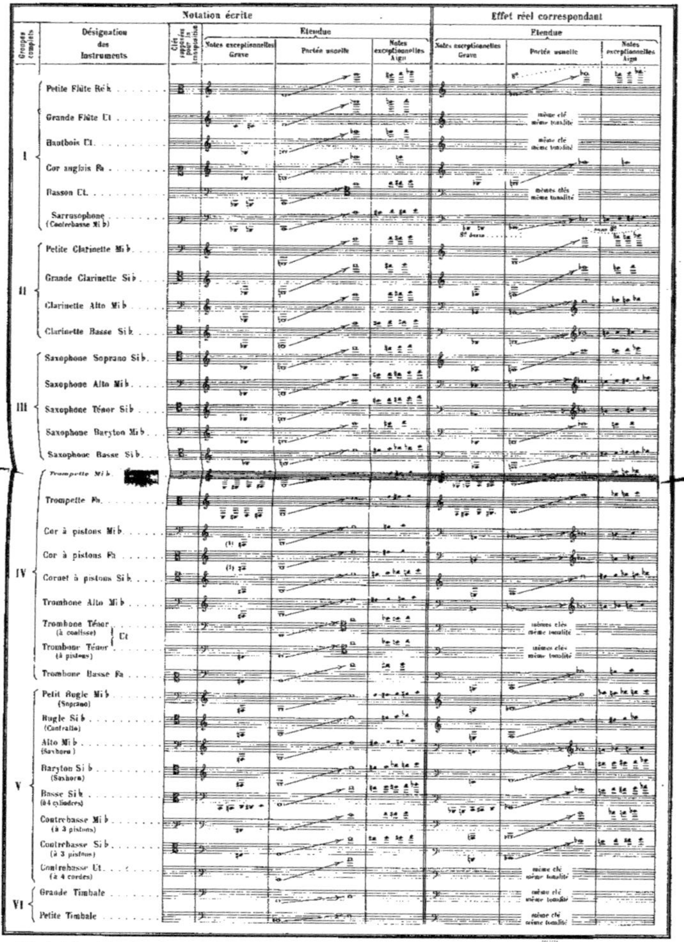

Groupes complets	Désignation des Instruments	Clés supposées pour la transposition	Notation écrite — Étendue — Notes exceptionnelles Grave	Notation écrite — Étendue — Portée usuelle	Notation écrite — Étendue — Notes exceptionnelles Aigu	Effet réel correspondant — Étendue — Notes exceptionnelles Grave	Effet réel correspondant — Étendue — Portée usuelle	Effet réel correspondant — Étendue — Notes exceptionnelles Aigu
I	Petite Flûte Ré♭							
I	Grande Flûte Ut						même clé même tonalité	
I	Hautbois Ut						même clé même tonalité	
I	Cor anglais Fa							
I	Basson Ut						mêmes clés même tonalité	
I	Sarrusophone (Contrebasse Mi♭)					8e basse		
II	Petite Clarinette Mi♭							
II	Grande Clarinette Si♭							
II	Clarinette Alto Mi♭							
II	Clarinette Basse Si♭							
III	Saxophone Soprano Si♭							
III	Saxophone Alto Mi♭							
III	Saxophone Ténor Si♭							
III	Saxophone Baryton Mi♭							
III	Saxophone Basse Si♭							
IV	Trompette Mi♭							
IV	Trompette Fa							
IV	Cor à pistons Mi♭		(1)					
IV	Cor à pistons Fa		(1)					
IV	Cornet à pistons Si♭							
IV	Trombone Alto Mi♭							
IV	Trombone Ténor (à coulisse) Ut						mêmes clés même tonalité	
IV	Trombone Ténor (à pistons) Ut						mêmes clés même tonalité	
IV	Trombone Basse Fa							
V	Petit Bugle Mi♭ (Soprano)							
V	Bugle Si♭ (Contralto)							
V	Alto Mi♭ (Saxhorn)							
V	Baryton Si♭ (Saxhorn)							
V	Basse Si♭ (à 4 cylindres)							
V	Contrebasse Mi♭ (à 3 pistons)							
V	Contrebasse Si♭ (à 3 pistons)							
V	Contrebasse Ut (à 4 cordes)						même clé même tonalité	
VI	Grande Timbale						même clé même tonalité	
VI	Petite Timbale						même clé même tonalité	

(1) Les Cors à pistons (Mi♭ et Fa) et le Trombone Ténor à 4 cylindres peuvent descendre chromatiquement jusqu'à l'ut grave

NOTIONS PRÉLIMINAIRES

RÈGLES GÉNÉRALES

Etant données les connaissances acquises en *instrumentation* et avant d'entreprendre les études d'*orchestration*, on doit admettre en principe les prescriptions suivantes, savoir:

1º Que les *quintes consécutives* entre le *chant et la basse* sont rigoureusement défendues;

2º Que la même règle s'étend aux parties intermédiaires dans les accompagnements;

3º Que les parties accompagnantes ne doivent jamais s'écrire *au-dessus* du *chant* ni *au-dessous* de la *basse*, ainsi que cela se produit, dans ce dernier cas, lorsqu'on oublie de doubler la *basse* à l'*octave inférieure* par les *contrebasses* en Mi ♭ ou en Si ♭.

4º Que la règle concernant les *octaves consécutives* est beaucoup plus élastique. En effet, il est permis de *redoubler* ou de *renforcer* les parties *intermédiaires* à l'*octave* ou à l'*unisson*, (sauf la *basse*) encore il est préférable de s'en dispenser s'il n'y a pas nécessité absolue.

EXCEPTIONS

On est moins sévère pour les *croisements*, les *fausses relations* et autres *licences harmoniques*; mais à la condition de les atténuer en les dissimulant par la diversité des timbres, et que toutes ces licences soient justifiées par un goût sûr, sans préjudice pour l'harmonie qui doit rester pure et bien écrite. (1)

CHAPITRE PREMIER

PARTITION

§ 1.—L'*orchestration* consiste à disposer les divers instruments d'un orchestre sur un cadre ou tableau que l'on appelle *partition*.

§ 2.—La *partition*, en Harmonie, contient tous les instruments en *bois*, en *cuivre* et à *percussion* de la nomenclature générale. (Voir 1re Partie, page 1)

Le but principal de la *partition* est de répartir les parties d'une composition musicale entre les divers groupes d'instruments, de sorte que, par ce moyen, l'œil puisse d'un coup en saisir l'ensemble. (Voir pages 28-29)

NOTA.—L'art d'*orchestrer* est des plus complexes. Outre qu'il exige chez l'artiste le mieux doué des connaissances techniques très étendues, il faut encore que celui-ci possède la rare faculté de pouvoir exprimer ses sensations, aussi bien dans ses propres œuvres que dans celles qu'il a pour mission de transcrire.

De ce qui précède, on peut conclure qu'avant de se livrer à l'orchestration, il est indispensable de se familiariser avec tous les éléments constitutifs d'une partition bien construite.

---

(1) Pour écrire correctement une partition d'orchestre, l'élève doit être initié à toutes les combinaisons de l'harmonie moderne. Pour le moins, nous conseillons la lecture fréquente de l'excellent ouvrage "*La Musique et les Musiciens*" de A. LAVIGNAC, lequel renferme les renseignements les plus complets sur les matières relatives à *l'Instrumentation*, à *l'Orchestration* et principalement à l'*Harmonie* et à la *Composition*.

CHAPITRE II

TRANSCRIPTION—CHOIX DES TONALITÉS

§ 3.—Toute œuvre symphonique peut être l'objet d'une transcription intéressante, sauf peut-être dans certains cas où les *violons divisés* exécutent des *traits*, des *tenues*, des *arpèges* ou des *tremolos* à l'extrême aigu, encore que l'on peut y suppléer par l'emploi des *flûtes*, des *hautbois*, des *clarinettes* (petites et grandes) dans leurs notes les plus élevées.

§ 4.—Il en est de même pour un ensemble *vocal* qu'une "Harmonie" composée d'éléments de choix *peut* accompagner, et au besoin remplacer sans en altérer le caractère.

NOTA.— La prétention de substituer l'"Harmonie" à l'orchestre symphonique est loin de notre pensée Nos vues sont plus modestes.

Mais qu'il nous soit permis d'affirmer qu'un orchestre de *plein air* comme celui que nous préconisons peut produire une impression profonde sur un auditoire non prévenu.

§ 5.—Le choix des tonalités est des plus importants. Le soin de conserver le ton indiqué par l'auteur constitue la *première règle* à observer, du moins autant que cela est possible.

§ 6.—Chacun sait que la somme des accidents en *bémols* diminue par la transposition des instruments de l'Harmonie.

C'est l'inverse qui a lieu pour les tons *diésés*.

Dans ce cas, l'opération est facile puisque le ton transposé reste le même pour l'oreille.

Mais où la question se complique, c'est lorsque le ton d'origine contient un nombre considérable d'accidents que l'instrumentiste ne peut aborder sans recourir à l'emploi de doigtés dangereux pour la justesse.

§ 7.—Dès lors, on a donné comme *seconde règle* que le ton choisi pour la transcription sera d'un degré ou d'une *tierce mineure*, tout au plus, *au-dessus* ou *au-dessous* du ton réel de l'œuvre à transcrire.

TONS D'ORCHESTRE en UT	TRANSCRIPTION en SI ♭ (Harmonie)
Ut majeur	*Ut, Ré* ou *Mi ♭*
Ut mineur	*Ré mineur*
Ré bémol	*Mi bémol* ou *Fa*
Ré majeur	*Fa* ou *Ré*
Ré mineur	*Re mineur*
Mi bémol	*Fa*
Mi mineur	*Sol mineur* ou *Mi mineur*
Fa majeur	*Fa majeur*
Fa mineur	*Fa mineur* ou *Sol mineur*
Sol majeur	*Si bémol* ou *Sol*
Sol mineur	*Sol mineur*
La bémol	*Si ♭* ou *La bémol*
La majeur	*La majeur* (par exception *Ut majeur*)
La mineur	*La mineur* (par exception *Ut mineur*)
Si bémol	*Ut* ou *Si bémol*
Si majeur	*Ut* ou *Si bémol*

NOTA — Si l'on a observé que le tableau ci-dessus ne concerne pas les *modulations passagères*, et que d'ailleurs, il est permis d'avoir recours à *l'enharmonie* dans certains passages, pour en faciliter la lecture; on comprendra qu'il n'y a rien *d'absolu* dans la pratique, et qu'il est toujours permis au transcripteur d'en modifier l'application suivant les circonstances qui l'obligeraient à passer outre.

CHAPITRE III

EXERCICES D'ORCHESTRATION

§ 8.—Comme premier exercice et pour procéder méthodiquement, il s'agit ici de transposer la phrase suivante pour les instruments d'un même groupe, dans le ton correspondant au *diapason réel,* et ensuite, de l'écrire dans la partie la plus conforme à leur timbre et à leur étendue:

Que l'élève devra transcrire pour les groupes I, II, III et IV, sur une petite partition, avec indication des clés et des accidents nécessaires à l'armature pour chacun des instruments, et en prenant pour modèle l'exemple ci-dessus:

GROUPE V

NOTA.—On remarquera dans cet exemple que le petit *bugle* et les *altos* ont dû renverser une partie du dessin mélodique à l'octave inférieure (Voir les signes +) afin de rester autant que possible dans la partie normale; mais ce serait une faute de goût d'user de ce moyen sans nécessité absolue.

D'ailleurs, on verra cet inconvénient disparaître dans les groupes I, II et III dont l'étendue à parcourir est beaucoup plus large.

EXERCICES

GROUPE I —(Petite Flûte, Grandes Flûtes, Hautbois, Cor anglais, Bassons, Sarrusophone Contrebasse)

GROUPE II —(Petite Clarinette, Grandes Clarinettes, Clarinette Alto, Clarinette Basse)

GROUPE III —(Saxophones Soprano, Alto, Ténor, Baryton et Basse)

GROUPE IV —(Trompettes, Cors, Cornets à pistons, Trombones)

CHAPITRE IV

ORCHESTRATION—GROUPES SÉPARÉS

§ 9.—Ce genre d'orchestration consiste à répartir entre les instruments d'un même groupe, les éléments constitutifs d'un *thème* ou *fragment* à *quatre parties.*

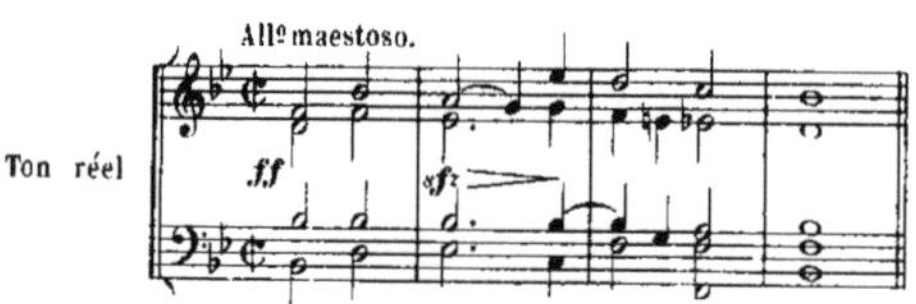

§ 10.—Pour l'arrangement des parties, on doit maintenir dans chaque groupe la *disposition harmonique* du modèle en procédant de telle sorte:

1° Que les accords de l'harmonie soient complets et bien équilibrés;

2° Que les prescriptions relatives à la *réalisation des accords* soient rigoureusement observées;

3° Qu'il suffit d'une seule partie pour les instruments destinés au *chant* principal, et deux pour les parties intermédiaires.

NOTA.— Le groupe V représente à lui seul un *orchestre complet.* C'est sous cet aspect et comme terme de comparaison qu'on doit l'envisager.

§ 11.—Les groupes I et II peuvent se transcrire à l'unisson du groupe V pour le *chant*, les parties *intermédiaires* et la *basse*, mais avec cette particularité qu'il est permis de doubler les *dessus* à l'*octave supérieure* par la *grande flûte*, la *petite clarinette*, la *clarinette solo* et à la *double octave* par la *petite flûte*.

EXERCICES

GROUPE III — Ce groupe, composé des *saxophones*, se traite d'après les principes de l'harmonie à quatre parties, et auxquelles on ajoute le *saxophone basse* qui, en ce cas, s'assimile à la *contrebasse à cordes*.

GROUPE IV—Le groupe IV comprend les instruments à *timbre clair* que l'on écrit suivant les exigences de l'harmonie à *une* ou *deux* parties pour les *trompettes*, les *cornets* et les *cors*, et à *trois* ou *quatre* parties pour les *trombones*.

NOTA.—Lorsqu'il s'agit de la transcription d'œuvres classiques, il est de bon goût de conserver aux *cors* et aux *trompettes* leur véritable caractère, où leur effet se produit sur les notes qui n'exigent pas le secours de la main ou des pistons.

GROUPE V—(Voyez page 9.)

GROUPE VI—*Timbales* et *Batterie*—Emploi facultatif. (Voyez instruments à percussion.)

§ 12.—Si nos démonstrations ont été bien comprises, l'élève doit être en état d'établir lui-même une partition complète d'"Harmonie," en superposant les six groupes de la nomenclature générale des instruments qui les composent. (Voyez page 1, 1re Partie)

OBSERVATIONS

L'analyse raisonnée de la partition ainsi formée par *groupes réunis*, fera connaître à l'élève que les prescriptions énoncées page 6 (Règles générales) ont été observées quant à la disposition et à la réalisation de l'harmonie dans toutes les parties de l'ensemble instrumental.

Il y verra de plus que les *hautbois* redoublent les parties intermédiaires à l'octave supérieure sans inconvénient pour la trame harmonique, et que les *flûtes*, la *petite clarinette*, la *clarinette solo*, se traitent de la même manière à l'égard du *chant* sans qu'il en résulte aucune dureté pour l'oreille.

Mais si l'on se place au point de vue purement esthétique, il est évident qu'une orchestration ainsi conçue serait impuissante à exprimer les sentiments contenus dans une œuvre un peu compliquée.

De là l'obligation d'initier l'élève aux combinaisons pratiques qui doivent lui être familières pour dépeindre le côté pittoresque d'une composition, par la mise en relief des contrastes qui fixent l'attention des auditeurs.

C'est dans cette voie nouvelle que nous nous proposons de conduire l'élève, en lui enseignant la meilleure méthode à suivre.

---

(1) L'usage de la clé de *fa* pour la *clarinette basse s'impose*, mais il faut compter avec les habitudes prises et se rappeler que cet instrument s'entend à l'octave inférieure de sa notation.

CHAPITRE V

COLORIS ORCHESTRAL

§ **13.**—S'il est admis que la peinture et la musique se rattachent par des liens étroits, il est permis d'en conclure que la *couleur,* le *mouvement* et l'*expression* sont essentiels dans ces deux branches de l'art pour atteindre un maximum de sensations.

§ **14.**—En musique, l'ensemble des qualités esthétiques d'une partition *orchestrée* est représenté par l'application des cinq propositions suivantes:

1º La variété des timbres,

2º L'emploi des groupes restreints,

3º Le mélange des timbres,

4º Les dessins d'orchestre,

5º Les nuances d'expression.

NOTA.— L'étude de ces cinq propositions forme la base des conditions à remplir dans une œuvre artistique; elle a surtout pour but d'éviter la monotonie d'une partition bien écrite, mais sans accent.

1º VARIÉTÉ DES TIMBRES

§ **15.**—La *variété,* le *choix* et la *disposition des timbres* dans une partition: tels sont les moyens qui s'offrent à un artiste habile pour donner à son œuvre tout l'intérêt que son caractère lui inspire.

N'avons-nous pas appris, en effet, dans la première partie de notre Cours, les qualités de *douceur,* de *charme,* de *puissance* et d'*énergie* des instruments en usage dans nos orchestres d'"Harmonie?"

NOTA.—Tout en invitant l'élève à revenir à ses études premières, nous le jugeons suffisamment préparé pour nous dispenser d'insister sur ce point. (Voir "Monographie" 1re Partie)

2º GROUPES RESTREINTS

§ **16.**—Tout l'intérêt d'une *orchestration* réside dans les contrastes; d'où il résulte que l'emploi constant des *groupes réunis* provoquerait bientôt sur l'auditeur un véritable sentiment de lassitude.

§ **17.**—C'est en partant de ce principe que l'on doit rechercher les moyens les plus propres à éveiller son attention.

§ **18.**—L'emploi des groupes *restreints* ou *isolés,* suivant le développement des idées, constitue l'un de ces moyens, ainsi que l'on s'en rendra compte par la disposition des groupes séparés du fragment donné ci-après.

Lequel se prête à de nombreuses combinaisons dont voici un aperçu:

GROUPE I

Andante.

Hautbois
Cor anglais
Bassons

(Le même à l'8ve supérieure)

Andante.

Gde Flûte
Hautbois
Cor anglais

GROUPE II

Andante.

Clarinette Solo
2me Clarinette
Clarinette Alto
Clarinette Basse

GROUPE III

Andante.

Saxophones
Soprano Si b
Alto Mi b
Ténor Si b
Baryton Mi b

GROUPE IV

Andante.

Trompette Fa
Cor Fa
1er et 3e Trombones

(Du même groupe)

Andante.

Cornet Si b
Cor Mi b
1er et 3e Trombones

GROUPE V

Andante.

Bugle (Contralto Si b)
Alto Mi b
Baryton Si b
Basse Si b

EXERCICES

Composer de nouvelles combinaisons, soit en changeant la disposition de l'harmonie, soit en réduisant le nombre des instruments de chaque groupe qui, dans ce cas, seraient écrits à *deux parties*

3º MÉLANGE DES TIMBRES

§ 19.—*Timbre* et *coloris* sont deux termes synonymes en *orchestration*. Les mots *tonalités, gammes, couleur, nuances, oppositions, dissonances,* etc. sont d'un usage courant dans le langage des peintres et des musiciens.

C'est donc par un heureux mélange des éléments sonores que l'on peut atteindre le plus haut degré de perfection dans une partition bien ordonnée.

§ 20.—L'exemple suivant, transposé à la seconde mineure supérieure au-dessus du ton de la partition originale, (Ré majeur) montre l'effet des cuivres en *groupe isolé.*

4° DESSINS D'ORCHESTRE

§ 21.—Un *trait de chant,* une *phrase mélodique* de *courte durée* que l'on fait passer successivement dans toutes les parties, même un simple *dessin,* peuvent suffire pour donner à l'orchestration un charme particulièrement piquant.

(1) A lire les nombreux exemples recueillis par E. GUIRAUD dans son *Traité pratique d'Instrumentation,* et où l'élève trouvera de précieux renseignements sur la *Variété des Timbres dans les extraits les plus connus de l'orchestration symphonique.*

NOTA.– La répétition d'un dessin d'orchestre, en se prolongeant outre mesure, deviendrait bientôt fatigante; il est prudent de ne point abuser de ce procédé qui convient au développement d'une phrase musicale, et plus spécialement à l'enchaînement des motifs choisis pour établir une *fantaisie* ou une *sélection* sur des motifs d'opéra ou autres.

5º NUANCES D'EXPRESSION

§ **22.**—Le mot nuance (du latin *muto, changer*) s'applique aux différents degrés de sonorité par lesquels on peut ajouter au *coloris*, et par la fusion habilement ménagée des signes et des termes en usage dans le langage musical.

Les signes se représentent:

1º Par des *mots italiens* adoptés pour marquer la gradation d'intensité d'un son *faible* à un son *fort* et *vice versâ*.

Signe de diminution				Signe d'augmentation
	Pianissimo	**pp**	Très faible	
	Piano	**p**	Faible	
	Mezzo piano	*Mezzo* **p**	Moitié faible	
	Poco piano	*Poco* **p**.	Un peu faible	
	Sotto voce	*Sot. v.*	Sans la voix (tout bas)	
	Mezza voce	*Mez. v.*	A demi voix	
	Poco forte	*Poco f.*	Un peu fort	
	Mezzo forte	*Mez. f.*	Moitié fort	
	Forte	*f*	Fort	
	Fortissimo	*ff*	Très fort	

2º Par les termes ou locutions usitées pour marquer l'augmentation ou la diminution d'un ou plusieurs sons.

Decrescendo				Crescendo.
	Sforzando	*sfz*	En forçant le son	
	Rinforzando	*rinf.* ou *rfz.*	En renforçant le son	
	Crescendo	*Cresc.*	En croissant	
	Decrescendo	*Decresc.*	En décroissant	
	Mancando	*Manc.*	En diminuant progressivement	
	Diminuendo	*Dim.*	En diminuant	
	Calando	*Cal.*	En laissant éteindre le son	
	Perdendosi	*Perd.*	En laissant perdre le son	
	Smorzando	*Smorz.*	En laissant mourir le son	

NOTA.— Ces deux signes réunis < > indiquent l'*augmentation* du son (*pp*) jusqu'à son apogée (*ff*) et sa *diminution* progressive jusqu'à ce qu'il se perde pour ainsi dire.

3º Par ces autres mots que l'on souligne pour l'*accentuation* des sons *liés, marqués, détachés, soutenus*, etc.

Legato	*Leg.*	Lié
Legatissimo	*Legat.*	Très lié
Leggiero	*Legg.*	Léger
Marcato	*Marc.*	Marqué
Martellato	*Mart.*	Martelé, détaché
Pizzicato	*Pizz.*	En imitant la corde pincée
Sostenuto	*Sost.*	Soutenu
Staccato	*Stacc.*	Sec, très détaché
Tenuto	*Ten.*	Tenu

§ 23.—A ces signes et figures de *nuances*, on ajoute les différents termes dont s'est servi l'auteur pour donner à son œuvre son véritable cachet artistique.

Amabile	Aimable.	*Elegante*	Elégant.
Amoroso	Amoureusement.	*Energico*	Energique.
Appassionato	Passionné.	*Espressivo*	Expressif.
Ardito	Hardi.	*Grazioso*	Gracieux.
Brillante	Brillant.	*Giocoso*	Joyeux, gai, badin.
Brio	Vif et animé.	*Imperioso*	Impérieux.
Cantabile	Chantant.	*Lagrimoso*	Eploré.
Capricioso	Capricieux.	*Lamento*	Plaintif.
Con anima	Avec âme.	*Maestoso*	Majestueux.
Con allegrezza	Avec allégresse.	*Malinconico*	Mélancolique.
Con bravura	Avec bravoure.	*Mesto*	Triste, chagrin.
Con delicatezza	Avec délicatesse.	*Nobile*	Noble.
Con dolore	Avec douleur.	*Patetico*	Pathétique.
Con grazia	Avec grâce.	*Pomposo*	Pompeux.
Con giusto	Avec goût.	*Religioso*	Religieux.
Con fuoco	Avec feu.	*Risoluto*	Résolu.
Con tenerezza	Avec tendresse.	*Rustico*	Rustique, champêtre.
Con spirito	Avec esprit.	*Simile*	Semblable.
Delicatamento	Délicatement.	*Semplice*	Simple, ingénu.
Delicato	Délicat.	*Tranquillo*	Tranquille.
Disperato	Désespéré.	*Tristamente*	Tristement.
Dolce	Doux.	*Veloce*	Très vif, emporté.
Dolcissimo	Très doux.	*Vigoroso*	Vigoureux.
Doloroso	Douloureux.	*Vivo*	Vif.
Dramatico	Dramatique.	*Volubile*	Léger, fugitif.

NOTA.— Pour compléter cette étude, nous recommandons expressément l'excellent ouvrage de M. P. ROUGNON, *Dictionnaire musical des locutions étrangères*, donnant l'explication des termes italiens, allemands ou latins employés dans les divers pays.

CHAPITRE VI

MOUVEMENT

INDICATIONS VERBALES ET MÉTRONOMIQUES

§ 24.—Les indications de *mouvement* placées en tête d'un morceau de musique ou d'une *partition* n'impliquent pas l'obligation de leur donner une valeur *absolue*. C'est à l'expérience du chef d'orchestre d'en apprécier le caractère, soit en se conformant aux traditions établies, soit surtout en s'inspirant des intentions de l'auteur.

Voici les termes les plus usités avec, en regard, la *durée* métronomique approximative des principaux *mouvements*. (1)

I° MOUVEMENTS TRÈS LENTS

Larghissimo	Très large	Métronome de 40 à 50 oscillations.
Grave	Grave	
Largo	Large, lent	
Lento molto	Très lent	

(1) Le livre de M. P. ROUGNON, déjà cité, et auquel nous empruntons les chiffres ci-dessous renferme des renseignements très étendus sur l'unité de *durée* des mesures *simples* ou *composées* à temps *binaires* ou *ternaires*.

2º MOUVEMENTS LENTS

Lento	Lent	Métronome de 50 à 58.
Larghetto	Un peu moins lent que le Largo	
Adagio	Moins lent que le Lento	» de 58 à 69.
Andante	A l'aise, posément	

3º MOUVEMENTS MODÉRÉS

Andantino	Moins lent que l'Andante	Métronome de 69 à 88.
Allegretto	Moins vite que l'Allegro moderato	» de 84 à 108.
Allegro moderato	Moins vite que l'Allegro	» de 104 à 120.
Allegro ma non troppo	Vif, mais pas trop	

4º MOUVEMENTS VIFS ET TRÈS VIFS

Allegro	Gai, vif	Métronome de 120 à 152.
Allegro molto	Très Vif	» de 152 à 176.
Allegro assai	Vif, beaucoup, très	
Presto	Pressé, Vif	
Vivace	Avec vivacité	
Vivo	Vivement, Vigoureusement	
Prestissimo	Aussi pressé que possible	» de 176 à 208.

§ **25.**—Pour modifier ou accentuer les *nuances de mouvement*, au courant d'une exécution, on emploie les locutions suivantes:

Poco	Peu.	Molto	Beaucoup, très.
Poco a poco	Peu à peu.	Quasi	Presque.
Più	Plus.	Mezzo ou Mez.	Moitié, demi.
Molto più	Beaucoup plus.	Più presto	Plus vite.
Ma non tanto	Pas autant.	Più animato	Plus animé.
Non troppo	Pas trop.	Accelerando	En accélérant.
Ma non troppo		Stringendo	En serrant le mouvement.
Mosso	Mouvementé.	Rallentando	En ralentissant.
Meno mosso	Moins mouvemente.	Ritenuto	En retenant.
Assai	Beaucoup.	Allargando	En élargissant.

OBSERVATIONS
SUR LES NUANCES D'EXPRESSION ET DE MOUVEMENT

Donner la vie et le mouvement à une page orchestrale: tel est le but que tout artiste doit se proposer d'atteindre. Les partitions de musique moderne lui fourniront les meilleurs exemples à suivre sur l'emploi des termes et des signes généralement admis pour mettre en valeur les traits caractéristiques d'une composition renfermant les éléments d'une transcription intéressante.

CHAPITRE VII

TRANSCRIPTION DES ŒUVRES ÉCRITES POUR LE PIANO

§ **26.**—En l'état actuel du matériel instrumental, il est permis d'avancer que la plupart des œuvres symphoniques: *ouvertures, divertissements, suites d'orchestre, ballets,* etc. peuvent se transcrire en "Harmonie" et conserver leur caractère propre, sauf en ce qui concerne le *quatuor à cordes* dans les effets particuliers.

§ **27.**—Mais il n'en est pas de même d'une réduction de piano, et l'on s'exposerait à de graves erreurs en essayant d'en maintenir la disposition harmonique.

§ **28.**—Pour ce genre de transcription, l'élève déja préparé par les exercices précédents (Voir chapitres IX, X, XI, XII, XIII, XIV) choisira une disposition rationnelle des parties d'orchestre, 1º en évitant le mauvais effet produit par le rapprochement des sons graves de la *main gauche,* 2º en groupant ceux-ci, sans solution de continuité aux accords de la main droite.

L'exemple suivant en *accords plaqués* fera la preuve de cette démonstration.

CH. GOUNOD—*Polyeucte* (Extrait du Ballet) — Publié avec l'autorisation de MM^rs^ H. LEMOINE et Cie, Ed.^rs^ Propriétaires.

(1) Le Sarrusophone a été placé ici en raison de son caractère de Contrebasse. Il s'entend une *quinte* plus bas.

EXERCICE

Compléter l'orchestration de l'extrait ci-dessus en y ajoutant les instruments de cuivre des groupes IV et V.

Autre exemple en *accords brisés:*

Qu'il faudrait sans hésiter transcrire ainsi:

Ou bien en *triolets* en ajoutant quelques parties pour donner du relief au chant et à l'accompagnement:

Même procédé pour les *instruments de cuivre* et les *groupes mélangés*, avec latitude de variantes d'accompagnement au choix du transcripteur.

§ **29.**—Il est important de remarquer que les passages en *arpèges,* de la *main gauche* et de la *main droite réunies,* seraient aussi difficiles à exécuter que désagréables à entendre.

Que l'on peut transcrire comme suit après en avoir extrait l'harmonie à quatre parties:

EXERCICE

(Etablir une orchestration complète sur cette donnée, avec tous les instruments de la nomenclature générale. (Voir 1re Partie, page 1)

§ **30.**—Le trémolo ou *tremblement* s'obtient sur les instruments à anches doubles et simples par de rapides coups de langue imitant le mouvement précipité de l'archet sur les instruments à cordes. En Harmonie, les *trémolos* sont confiés aux clarinettes, quelquefois aux saxophones, mais plus rarement.

Voir ci-après sous forme de partition *d'Harmonie militaire,* la transcription rigoureuse de ce passage d'après l'original à grand orchestre:

(Effet réel Sol majeur)

CONSEILS AUX ÉLÈVES

De même que la science de l'*harmonie* a pris un essor considérable, l'*orchestration* a subi de nombreuses transformations dues au perfectionnement et à l'invention d'instruments nouveaux actuellement en usage.

Le choix, la richesse des timbres, leur variété, sont autant d'éléments qu'il importe d'introduire dans une partition orchestrée: le goût seul de l'artiste décide de l'emploi qu'il en fait.

En ce qui concerne la transcription des arrangements au Piano, nous pourrions, si le cadre que nous nous sommes tracé le permettait, multiplier les exemples à l'infini.

C'est donc par la lecture et l'audition fréquente des partitions modernes que l'élève devra lui-même compléter son éducation.

La meilleure méthode à suivre pour hâter ses progrès consiste à revenir souvent aux principes que nous avons exposés au cours de notre enseignement, puis à s'exercer sur les œuvres des maîtres qu'il choisira de préférence parmi les classiques, et dont les exemples lui serviront de préparation à l'orchestration plus compliquée des compositeurs modernes.

C'est ainsi qu'il se «fera la main» pour ainsi dire, et qu'il sera en état d'établir des points de comparaison entre ses travaux et ceux des maîtres, pour arriver enfin au complet développement de ses tendances artistiques unies à ses aptitudes personnelles.

CHAPITRE VIII

DISPOSITION INSTRUMENTALE

DE LA PARTITION D'HARMONIE

§ **31**.—La disposition en orchestre de la partition d'«Harmonie» est basée sur le groupement rationnel, par famille, des instruments en *bois* et en *cuivre*, répartis sur la réunion de *portées* correspondantes où les *parties* sont notées les unes au-dessus des autres, chacune avec les clés et l'armature qui indique leur tonalité.

§ **32**. La partition d'«Harmonie» comprend tout ou partie des instruments de la nomenclature générale. (Voir chap. I, page 1)

§ **33**.—On distingue deux *espèces* d'Harmonies:

1º L'*Harmonie complète* ou *Grande Harmonie*.

2º L'*Harmonie moyenne*.

Voici, respectivement, par groupes *complets* ou *restreints*, leur composition instrumentale:

HARMONIE COMPLÈTE ou GRANDE HARMONIE

I
- 1 Petite Flûte en Ré ♭
- 2 Grandes Flûtes en Ut
- 3 Hautbois (Dont un Cor anglais *ad lib.*)
- 2 Bassons en Ut (*Ad lib.*)
- 1 Sarrusophone Contrebasse en Mi ♭ (*Ad lib.*)

II
- 2 Petites Clarinettes en Mi ♭ (4 si possible)
- 1 Clarinette Solo en Si ♭
- 6 Premières Clarinettes en Si ♭
- 6 Secondes Clarinettes en Si ♭
- 1 Clarinette Alto en Mi ♭
- 1 Clarinette Basse en Si ♭

III
- 1 Saxophone Soprano en Si ♭
- 2 » Altos en Mi ♭
- 2 » Ténors en Si ♭
- 2 » Barytons en Mi ♭
- 1 » Basse en Si ♭

IV
- 3 Trompettes en Fa ou Mi ♭
- 3 Cornets à pistons en Si ♭ (Dont un Solo)
- 4 Cors en Fa ou Mi ♭ (*Ad lib.*)
- 4 Trombones en Ut (Dont un pour la Basse)

V
- 1 Petit Bugle (Soprano en Mi ♭)
- 3 Bugles (Contraltos en Si ♭ dont un Solo)
- 3 Altos (Saxhorns en Mi ♭)
- 2 Barytons en Si ♭
- 6 Basses en Si ♭ (Dont une Solo)
- 2 Contrebasses en Mi ♭
- 2 Contrebasses en Si ♭ (4 si possible)
- 2 Contrebasses à cordes (*Ad lib.*)

VI
- 1 Timbales (Une paire)
- 1 Caisse claire et roulante
- 1 Grosse caisse
- 1 Cymbales (Une paire)
- 1 Accessoires

(74 exécutants)

HARMONIE MOYENNE

I
- 1 Petite Flûte en Ré ♭
- 2 Grandes Flûtes en Ut
- 2 Hautbois en Ut

II
- 2 Petites Clarinettes en Mi ♭
- 1 Clarinette Solo en Si ♭
- 4 Premières Clarinettes en Si ♭
- 4 Secondes Clarinettes en Si ♭

III
- 1 Saxophone Soprano en Si ♭
- 2 » Altos en Mi ♭
- 2 » Ténors en Si ♭
- 2 » Barytons en Mi ♭
- 1 » Basse en Si ♭ (*Ad lib.*)

IV
- 2 Trompettes en Fa ou Mi ♭
- 3 Cornets à pistons en Si ♭ (Dont un Solo)
- 2 Cors en Fa ou Mi ♭ (Si possible)
- 4 Trombones en Ut (Dont un pour la basse)

V
- 1 Petit Bugle (Soprano en Mi ♭)
- 3 Bugles (Contraltos en Si ♭, dont un Solo)
- 3 Altos (Saxhorns en Mi ♭)
- 2 Barytons en Si ♭
- 5 Basses en Si ♭ (Dont une Solo)
- 2 Contrebasses en Mi ♭
- 2 Contrebasses en Si ♭ (3 si possible)

VI
- 1 Timbales (Une paire) *Ad lib.*
- 1 Caisse claire et roulante
- 1 Grosse caisse
- 1 Cymbales (Une paire)
- 1 Accessoires

(58 exécutants)

NOTA.— La disposition instrumentale que nous proposons est généralement adoptée pour les sociétés de premier ou de second ordre. Le nombre des parties pour une *Harmonie complète* ou *moyenne;* car s'il en est qui comptent depuis 50 jusqu'à 100 exécutants, il en existe d'autres dont le cadre se réduit à des proportions beaucoup plus modestes.

Dans ce cas, si l'on veut écrire une partition bien équilibrée, il faudra rechercher dans les différents groupes d'instruments ceux dont le timbre, le caractère ou l'intensité, sont indispensables pour maintenir entre chaque partie une cohésion aussi parfaite que possible.

Pour donner un exemple probant de la richesse instrumentale d'une *grande Harmonie,* nous avons choisi l'ouverture de "*Ruy Blas*" l'une des plus connues de F. MENDELSSOHN, et dont nous donnons plus loin un fragment rigoureusement transcrit d'après la partition symphonique de l'auteur.

Voici ce fragment présenté sous forme de réduction au Piano.

(*) Au Piano, ces syncopes se réduisent de cette manière: etc.

sf
sf
cresc.
p
f
fp
p
ff
ff
più f
Ped.
Ped.
Ped.
sf
sf
sf
sf
sf
8a
Lento.
ff
Ped.

NOTA.— Le mot *Transcription* signifie copier littéralement une œuvre quelconque, c'est-à-dire sans addition ni changement.

Par *Traduction,* au contraire, on entend le travail difficile qui consiste à reproduire un ouvrage dans un langage différent sans en altérer le fond ni la forme.

Entre ces deux termes, comme l'on voit, la nuance est appréciable, car en effet, si le *transcripteur* est réduit à l'état de machine à transposer, on reconnait que le *traducteur* fait œuvre d'artiste en s'efforçant d'exprimer la pensée de l'auteur par les moyens dont il dispose.

Ce n'est plus à l'égard de ce dernier que le proverbe: "traduttore, traditore" (traduction est trahison) conservera sa signification exacte.

L'usage du mot *Transcription* étant généralement adopté, nous le maintiendrons, mais non sans protester contre le sens qu'on lui attribue, bien à tort selon nous.

L'ouverture de *"Ruy Blas"*, nous l'avons dit, convient au genre d'exercice par lequel nous terminerons cette seconde partie.

Cependant avant de l'analyser sous sa nouvelle forme, on remarquera qu'à l'exception du *cor anglais* dont la destination est spéciale (Voir § 28) les *bassons,* le *sarrusophone contrebasse,* les *clarinettes alto et basse,* le *saxophone basse en si ♭*, ont une fonction bien déterminée dans l'ensemble instrumental de la partition de *"Grande Harmonie."*

Pour l'*Harmonie moyenne,* il est possible de les supprimer sans préjudice pour la structure harmonique de la partition ainsi modifiée.

Les deux exemples d'orchestration que nous proposons sont basés sur les principes qui ont fait l'objet de nos recherches; mais le *transcripteur* restera toujours libre d'en varier les effets suivant son goût et ses vues personnelles, à la condition de ne s'écarter jamais du caractère distinctif de l'œuvre à transcrire.

OUVERTURE DE RUY BLAS

GRANDE HARMONIE

F. MENDELSSOHN

Transcription par TH. DUREAU

Lento. — Allegro molto.

1 Petite Flûte Ré♭
2 G^des Flûtes en Ut
3 Hautbois
4 Bassons
5 Sarrusophone (Contrebasse Mi♭)
6 1res Clarinettes Mi♭
7 Clarinette Solo Si♭
8 1res Clarinettes Si♭
9 2mes et 3mes Clarinettes Si♭
10 Clarinette Alto Mi♭
11 Clarinette Basse Si♭
Saxophones: 12 Soprano Si♭, 13 Alto Mi♭, 14 Ténor Si♭, 15 Baryton Mi♭
17 Trompettes en Fa
18 Cornets à pistons Si♭
19 Cors en Fa
20 1er et 2e Trombones
21 3e et 4e Trombones
22 Petit Bugle (Soprano Mi♭)
23 Bugles (Contralto Si♭)
24 1er et 2e Saxhorns Altos Mi♭
25 3e Saxhorns Altos Mi♭
26 Barytons Si♭
27 Basses Si♭
28 Contrebasse Mi♭
29 (*) Contrebasse Si♭
30 Timbales Ut-Sol
31 Caisse claire
32 Grosse caisse et Cymbales

(*) On peut ajouter une partie de Contrebasse à cordes. Dans ce cas, il suffit d'écrire la contrebasse un ton plus bas.

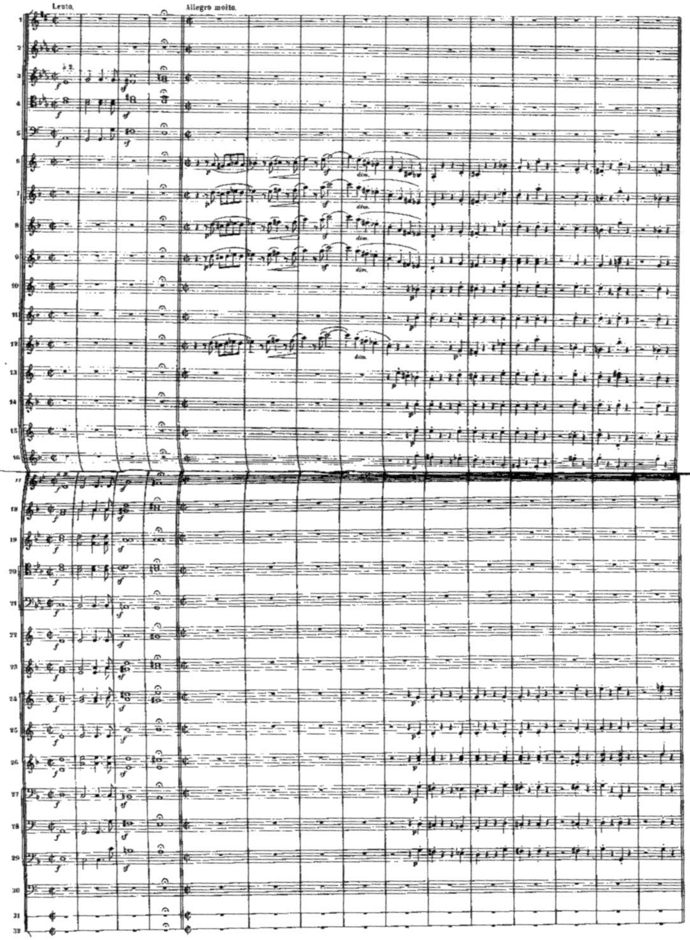

Lento. Allegro molto.

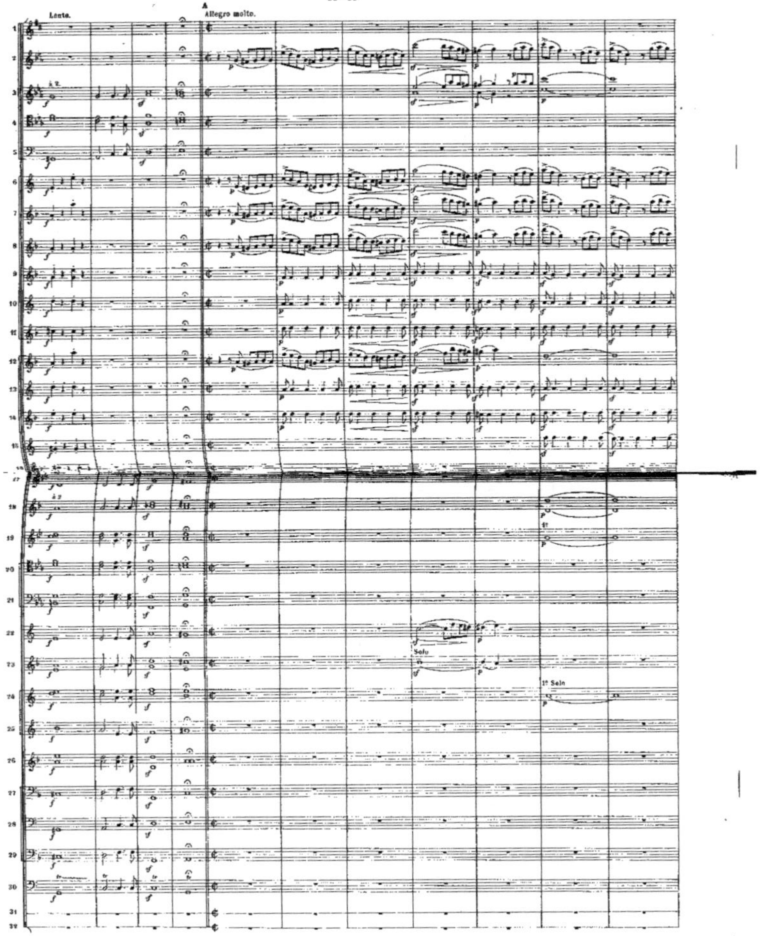

Lento.

A

Allegro molto.

Solo

1º Solo

B

cresc.

Ad lib.

a 2

A. L. 11,209. (2-3)

D

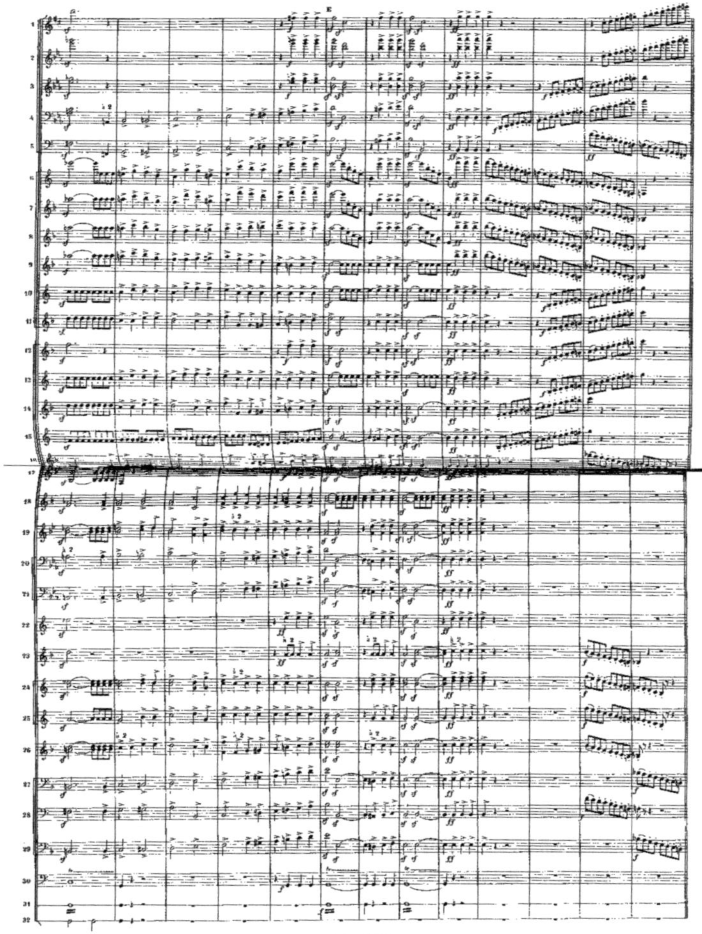

E

F
Lento.
Ritard.
A tempo.
Changez en Mi♭
sempre ppp
pp

G

1
2
3
4
5
6
7
8
9
10
11
12
13
14
15
16
17
18
19
20
21
22
23
24
25
26
27
28
29
30
31
32

dim.

sempre pp

etc.

ANALYSE

Les procédés d'analyse que nous recommandons consistent à examiner si cette transcription (Voir p.28-29) est conforme aux principes de l'*orchestration* en ce qui concerne l'emploi des divers instruments, soit isolément, soit par groupes ou par masses.

Cet examen se portera d'abord sur le choix du ton, et si l'on se souvient que les *tonalités bémolisées* sont préférables aux tonalités diésées, on aura l'explication du ton initial *ut mineur, mi ♭ majeur* et *ut majeur*, dont l'effet reste le même par le fait de la transposition, c'est-à-dire, un ton plus haut pour les instruments en si ♭ et mi ♭.

Résultat pour les *saxophones* et les *cuivres:* sonorité meilleure, plus pondérée, pour les instrumentistes: simplification des doigtés dans les traits difficiles et les modulations compliquées.

L'étude comparative de la partition symphonique donnera lieu ensuite aux constatations suivantes, à savoir:

1º que l'introduction *lento,* plusieurs fois répétée est logiquement représentée par les hautbois, bassons, saxophone contrebasse et les cuivres;

2º que les deux motifs de l'allegro molto sont confiés aux instruments similaires du *quintette à cordes,* renforcés par les cuivres à timbre doux.

3º qu'à partir de la lettre A, le motif principal et les phrases incidentes se poursuivent jusqu'au motif *a tempo* avec le même souci des nuances de toute nature, et en vue de reproduire aussi exactement les effets ***p f*** et ***ff*** qui s'y rencontrent, et enfin

4º que le motif amené par les quatre mesures de la lettre F, produit une impression des plus vives par l'emploi en pizz. des cuivres doux opposés au chant soutenu du *basson,* des *clarinettes* et des *saxophones,* lequel ainsi accompagné donne l'illusion à peu près complète des violoncelles réunis aux deux clarinettes de la partition originale.

Telle est cette œuvre remarquable, telle est sa transcription—à notre grand regret interrompue—qui suffit à prouver qu'avec une "Harmonie" composée d'éléments semblables on peut atteindre le "summum" rêvé par ceux qui ont accepté la mission de se dévouer au développement artistique de nos sociétés de musique instrumentale.

OUVERTURE DE RUY BLAS

HARMONIE MOYENNE

F. MENDELSSOHN

Transcription par TH. DUREAU

Lento. Allegro molto.

1 Pte Flûte Ré ♭
2 Gdes Flûtes en Ut
3 Hautbois
4 Pte Clarinette Mi ♭
5 Clarinette Solo Si ♭
6 1res Clarinettes Si ♭
7 2mes et 3mes
Saxophones:
8 Soprano Si ♭
9 Alto Mi ♭
10 Ténors Si ♭
11 Barytons Mi ♭
12 Trompettes Fa
13 Cornets à pistons Si ♭
14 Cors Fa
15 1er et 2me Trombones
16 3me et 4me
17 Pt Bugle (Soprano Mi ♭)
18 Bugles (Contraltos Si ♭)
19 1er et 2me Altos
20 3me
21 Barytons Si ♭
22 Basses Si ♭
23 Contrebasse Mi ♭
24 Contrebasse Si ♭
25 Cse claire et roulante
26 Gse Caisse et Cymbales

Lento.
Allegro molto.
Pizz.
à 2

sf
p
à 2

Lento.
A
Allegro molto.
à 2
à 2
Solo.

1
2
3
4
5
6
7
8
9
10
11
12
13
14
15
16
17
18
19
20
21
22
23
24
25
26
cresc.
1º
1º Solo.

Voir l'appendice page 68.

FIN DE LA DEUXIÈME PARTIE

TROISIÈME PARTIE

INSTRUMENTATION — FANFARES

NOTIONS PRÉLIMINAIRES

CHAPITRE PREMIER

§ **1.**—Entre une "*Harmonie*" et une "*Fanfare*", la différence est essentielle: si l'une se rapproche de la symphonie par la variété de ses éléments sonores, l'autre au contraire s'en éloigne par sa composition même.

NOTA.—Primitivement, on donnait le nom de "*Fanfare*" à une réunion de *trompettes* que l'on exerçait aux *sonneries d'ordonnance* dans les troupes de cavalerie. Dans sa nouvelle acception, ce nom s'étend aux sociétés musicales composées exclusivement d'instruments de cuivre. Depuis, on y admet des *saxophones*, des *timbales* et une *batterie*. A notre époque, il n'est pas rare d'en rencontrer qui sont de véritables orchestres.

§ **2.**—La composition normale d'une "Fanfare" comprend quatre groupes d'instruments:

1º Instruments à anche; (Saxophones)

2º Instruments en cuivre, à embouchure et à *sons clairs;*

3º Instruments en cuivre, à embouchure et à *sons doux;*

4º Instruments à percussion.

En voici le tableau complet: (1)

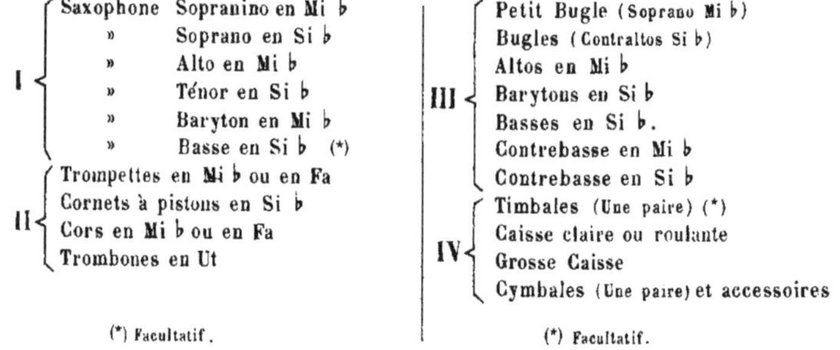

Groupe	Instruments	Groupe	Instruments
I	Saxophone Sopranino en Mi ♭	III	Petit Bugle (Soprano Mi ♭)
	» Soprano en Si ♭		Bugles (Contraltos Si ♭)
	» Alto en Mi ♭		Altos en Mi ♭
	» Ténor en Si ♭		Barytons en Si ♭
	» Baryton en Mi ♭		Basses en Si ♭.
	» Basse en Si ♭ (*)		Contrebasse en Mi ♭
II	Trompettes en Mi ♭ ou en Fa		Contrebasse en Si ♭
	Cornets à pistons en Si ♭	IV	Timbales (Une paire) (*)
	Cors en Mi ♭ ou en Fa		Caisse claire ou roulante
	Trombones en Ut		Grosse Caisse
			Cymbales (Une paire) et accessoires

(*) Facultatif. (*) Facultatif.

NOTA.—Les principes que nous avons exposés dans la première partie sur les voix humaines (femmes et hommes) restent invariables.

Il en sera de même à l'égard des moyens que nous avons indiqués pour établir le diapason correspondant des instruments transpositeurs. (Voir §§ 8 et 9 première partie)

L'étude des *clés supposées* prend ici une nouvelle importance; nous conseillons au lecteur d'y revenir souvent.

(1) Cette nomenclature a été adoptée par le congrès musical de 1900.

CHAPITRE II

1er GROUPE — INSTRUMENTS A ANCHE (Saxophones)

§ 3.—Sans qu'il soit nécessaire d'étudier en détail chacun des instruments compris dans les divers groupes de la "Fanfare", nous en examinerons sommairement l'emploi particulier, mais non toutefois sans revenir à la première partie du cours traitant de toutes les matières qui en font l'objet, à savoir:

1° Que les *saxophones* prennent une part plus active à l'ensemble instrumental, notamment le *sopranino* et le *soprano* dont le rôle est tout indiqué pour remplacer les *clarinettes* dans les traits du registre aigu;

2° Que le *saxophone alto* est apte à renforcer les parties supérieures à l'*unisson* ou à l'*octave*, à remplacer les *2des clarinettes* et à se joindre aux *saxophones ténor* et *baryton* pour compléter les accords dans les accompagnements et les tenues;

3° Que le *saxophone ténor* se réunit à ceux-ci pour les effets de *violoncelle*, de *basson* et de *clarinette* dans les sons graves, et enfin

4° Que les *saxophones baryton* et *basse* se traitent comme il a été dit au chapitre IV de la première partie (§§ 80, 81, 82, 83)

REMARQUES.— Le timbre particulier des *saxophones* se fond difficilement avec celui des instruments du 3me groupe (cuivres doux); il est même dangereux de l'associer aux *altos* et *barytons* dans les effets de *tenues* à découvert. Rappelons à ce sujet qu'il n'en faut user qu'avec beaucoup de discrétion. Si au contraire il s'agit de la famille réunie, l'objection n'a plus la même valeur.

Voici un des meilleurs exemples que l'on puisse donner à l'appui de cette assertion.

NOTA.—Dans cet exemple du plus haut intérêt musical, il convient d'observer: 1º Que les parties du chant confiées aux **saxophones sopranino** et **soprano** sont écrites, pour chacun d'eux, dans la bonne portée moyenne et qu'un instrumentiste de goût peut les interprêter à l'aise et dans le sentiment voulu; 2º Que la clé de Fa, contrairement à l'usage, a été maintenue pour le **saxophone basse**, comme étant plus conforme à sa destination; 3º Qu'à l'aide d'une **clé de Si ♭ d'invention récente**, on peut obtenir cette note "extra grave" mais exceptionnellement.

Ajoutons que cette page serait transcrite avec succès pour les instruments à timbres divers, tels que Flûte, Hautbois, Basson, Clarinettes, Saxophones etc. (Voir deuxième partie: Mélange des timbres, page 13)

2me *GROUPE*—INSTRUMENTS EN CUIVRE (Timbre clair)

§ 4.—Les *trompettes* et les *cors, simples ou à pistons* sont similaires de ton et d'écriture, mais ce sont deux voix bien distinctes qui ne doivent jamais se confondre si ce n'est dans les grands ensembles et les *tutti*.

Le *cornet à pistons* est le plus brillant sinon le plus distingué de la "*Fanfare*"; c'est à lui que sont dévolus les traits et les *soli*. On l'écrit à *deux* ou *trois* parties dont une pour le *solo*. Les *seconds cornets* participent à l'accompagnement, suivant que leur intervention est nécessaire.

Dans les tenues *pp*, les *trombones sont excellents*, mais c'est surtout par l'éclat de leur belle et puissante sonorité qu'ils se distinguent.

On aura la notion exacte de l'emploi des instruments du deuxième groupe en consultant les nombreux exemples contenus dans la première partie. (Voir chapitre V)

3me GROUPE — INSTRUMENTS EN CUIVRE (Timbre doux)

§ 5.—A l'exception des *bugles* et en particulier des *contraltos* que l'on emploie en plus grand nombre pour les substituer aux *clarinettes* de l' *Harmonie*, tous les instruments de la nomenclature cidessus (Voir page 49) concourent à l'établissement de la partitition en "Fanfare"; suivant leurs qualités respectives.

A noter que le 3me groupe peut constituer à lui seul un orchestre autonome d'une homogénéité parfaite. (Voir *grande* et *moyenne fanfare*, page 59)

4me GROUPE — INSTRUMENTS A PERCUSSION

§ 6.—En dehors des cinq instruments du 4me groupe dont l'emploi est le plus fréquent, tous les autres sont de pure convention; (Voir chapitre VII - *Accessoires d'orchestre*) néanmoins, nous recommandons aux élèves de revenir souvent à cette partie de l'enseignement que nous avons longuement développée à leur intention.

INSTRUMENTS "FACULTATIFS"

DE LEUR EMPLOI

§ 7.—Dans la composition normale de la "Fanfare" adoptée en 1900, on a cru devoir éliminer le *saxophone sopranino en mi ♭*. L'expérience a démontré depuis que l'on pouvait l'admettre avec avantage dans les sociétés de "*Grandes fanfares*".

§ 8.—Comme ses congénères il s'écrit sur la clé de *sol* deuxième ligne.

Voici son étendue complète avec tous les intervalles chromatiques et diatoniques:

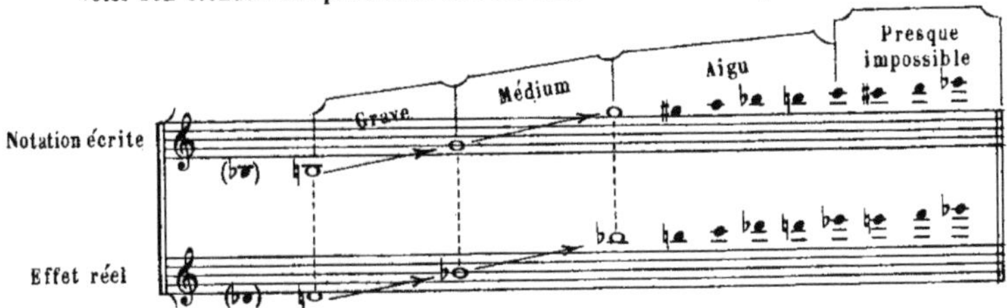

Construit à l'unisson du *petit bugle* et augmenté d'une *quarte majeure à l'aigu*, il est aisé de concevoir son utilité dans les registres élevés que celui-ci ne peut atteindre.

§ 9.—Le *saxophone basse* est, pour ainsi dire, obligatoire dans les *grandes fanfares;* on ne saurait trop en recommander l'emploi. (Voir § 83 première partie)

§ 10.—Les *timbales* prenant une part directe à la contexture harmonique ajoutent un intérêt particulier aux instruments à percussion. (Voir chapitre VII, §§ 148 à 156 première partie)

NOTA.—L'emploi des *contrebasses à cordes* tend à se généraliser. Sur ce point, étant donnée la sonorité spéciale de la "Fanfare," il y aurait quelques réserves à faire. Sans les écarter systématiquement, nous laissons à ceux qui en maintiendront l'usage le soin d'en justifier dans l'intérêt purement artistique des œuvres à composer ou à transcrire.

CHAPITRE III

§ **11.**—Nous n'avons pas à revenir sur les principes de l'orchestration en "Harmonie" qui trouvent leur application intégrale en *"Fanfare"*.

On sait l'intérêt de cette étude en ce qui concerne la *transcription*, le *choix des tonalités*, la *variété* et le *mélange des timbres* en *groupes séparés* ou *restreints*, les *dessins d'orchestre*, les *nuances d'expression*, etc. (Deuxième partie)

Nous insisterons cependant sur les œuvres arrangées pour le Piano et dont la transcription exige autant de tact que d'expérience. (Chapitre VII, pages 19, 20, 21.)

DISPOSITION INSTRUMENTALE

DE LA PARTITION DE *"FANFARE"*

§ **12.**—Cette disposition varie selon l'importance des sociétés, lesquelles se divisent en deux catégories principales.

1º *GRANDE FANFARE*
(avec Saxophones)

Groupe	Nombre	Instrument
I	1	Saxophone Sopranino en Mi ♭
	1	» Soprano en Si ♭
	2	Saxophones Altos en Mi ♭
	2	» Ténors en Si ♭
	2	» Barytons en Mi ♭
	1	Saxophone Basse en Si ♭ *(Ad lib.)*
II	4	Trompettes en Mi ♭ ou Fa
	3	Premiers Cornets à pistons en Si ♭ (dont un Solo)
	3	Seconds Cornets à pistons en Si ♭
	4	Cors en Mi ♭ ou Fa
	6	Trombones en Ut (dont un Tromb. Basse en Fa *Ad lib.*)
III	1	Petit Bugle (Soprano en Mi ♭)
	1	Bugle Solo en Si ♭
	2	Premiers Bugles en Si ♭
	6	Deuxièmes Bugles en Si ♭
	4	Altos en Mi ♭
	2	Barytons en Si ♭
	6	Basses en Si ♭ (dont une Solo).
	2	Contrebasses en Mi ♭
	4	Contrebasses en Si ♭ (si possible)
IV	1	Timbales (Ou Caisse roulante à défaut)
	1	Tambour
	1	Grosse Caisse
	1	Cymbales (Une paire) et accessoires

2º *MOYENNE FANFARE*
(avec Saxophones)

Groupe	Nombre	Instrument
I	1	Saxophone Sopranino en Mi ♭ (autant que possible)
	1	» Soprano en Si ♭
	1	» Alto en Mi ♭ (2 si possible)
	1	» Ténor en Si ♭ (2 si possible)
	1	» Baryton en Mi ♭
II	2	Trompettes en Mi ♭ ou Fa
	2	Premiers Cornets à pistons en Si ♭ (dont un Solo)
	2	Seconds Cornets à pistons en Si ♭
	2	Cors en Mi ♭ ou Fa
	4	Trombones en Ut (dont un pour la Basse)
III	1	Petit Bugle (Soprano en Mi ♭)
	1	Bugle Solo (Contralto en Si ♭)
	1	Premier Bugle en Si ♭
	4	Deuxièmes Bugles en Si ♭ (si possible)
	3	Altos en Mi ♭ (3 parties)
	2	Barytons en Si ♭ (2 parties)
	6	Basses en Si ♭ (dont une Solo)
	2	Contrebasses en Mi ♭
	2	Contrebasses en Si ♭
IV	1	Timbales *(Ad lib.)*
	1	Tambour ou Caisse roulante
	1	Grosse Caisse
	1	Cymbales (Une paire) et accessoires

§ **13.**—Cette disposition, quant au nombre des parties, en plus ou en moins, peut se modifier au besoin. C'est au Directeur qu'il appartient de coordonner ses ressources en instrumentistes par une répartition conforme aux principes de l'orchestration en *"Harmonie* et en *Fanfare."*

Le fragment suivant que nous donnons sous forme de *partie conductrice*, sera traité rigoureusement d'après les mêmes principes.

NOTA. La *partie conductrice* n'est et ne peut être qu'un résumé de la *partition* d'orchestre d'*Harmonie* ou de *Fanfare*. Dans aucun cas, elle ne peut se substituer à celle-ci pour la mise au point d'une œuvre musicale. Elle s'écrit sur trois ou quatre portées, quelquefois davantage et doit appeler l'attention du Directeur sur les éléments principaux de la partition complète.

OUVERTURE D'EGMONT

GRANDE FANFARE

BEETHOVEN

Andte sostenuto ma non troppo.

A Solo

Saxophones
- Sopranino Mi b 1
- Soprano Si b 2
- Altos Mi b 3
- Ténors Si b 4
- Barytons Mi b 5
- Basse Si b 6

Trompettes Mi b 7

1rs Cornets à pistons Si b 8

2ds Cornets à pistons Si b 9

Cors Mi b 10

Trombones
- 1er et 2me 11
- 3me et 4me 12

Petit Bugle Mi b 13

Bugle Solo Si b 14

1ers Bugles Si b 15

2ds Bugles Si b 16

Altos Mi b
- 1er 17
- 2me et 3me 18

Barytons Si b 19

Basses Si b
- 1res 20
- 2mes 21

Contrebasse Mi b 22

Contrebasse Si b 23

Timbales Fa Ut ou Caisse roulante 24

Caisse claire 25

Gsse Caisse et Cymbales 26

Solo

Solo (Fanf. sans Saxoph.)

Solo (Fauf. sans Saxoph.)

Solo obligé.)

Solo (Fanf. sans Saxoph.

Solo (Fanf. sans Saxoph.)

Solo

B
Solo
C
Solo
1º Solo obligé.
à 2
à 2
Fanf. sans Saxoph.
Obligé.
Fanf. Saxoph.
Obligé.
1º Solo obligé.
Fanf. sans Saxoph.
Fanf. sans Saxoph.

espressivo.
espressivo.
p espressivo.
pp
pp
pp
pp
p
p
p
p
espressivo.
espressivo.
espressivo.
Solo
p
pp
pp
pp

Allegro.
pp
cresc.
fp
p
etc.

ANALYSE

On suppose d'abord que cette transcription sera exécutée par des instrumentistes assez sûrs d'eux-mêmes pour qu'il n'y soit introduit aucun changement et sans qu'il soit nécessaire d'avoir recours à l'orchestration indiquée en *petites notes* pour la "*Fanfare moyenne*" (Voir § 14)

Elle représente l'orchestre symphonique par la disposition des parties similaires que l'on doit éviter de renverser à l'*octave inférieure*, à peine d'en dénaturer le caractère. Cela peut être permis dans certains cas, mais seulement dans les morceaux susceptibles de subir cette transformation.

Ceci dit, on remarquera:

1º Que dès la première mesure 𝄐, l'équilibre entre toutes les parties de la masse instrumentale a été rigoureusement observé, et que les deux mesures qui suivent donnent l'impression aussi exacte que possible du *quatuor à cordes* opposé aux instruments à timbre doux;

2º Que les *entrées* de *saxophones* de la lettre A sont ménagées en conformité des Flûtes, Hautbois, Clarinettes et Bassons de la partition d'orchestre. Ici, une difficulté surgit: pour compléter les *saxophones*, on a dû ajouter une partie de 1er Bugle solo (obligé) qui d'ailleurs est du meilleur effet.

Mêmes dispositions pour la lettre B, avec en plus, deux parties obligées (Cornet solo et 1er Bugle) qui ajoutent un intérêt nouveau à l'ensemble des *saxophones*.

A partir de la lettre C, l'instrumentation se corse par l'entrée du *petit bugle*, du *bugle solo* et du *premier bugle* renforçant les parties supérieures des *saxophones* (*sopranino* et *soprano*)

A ce moment, les *saxophones* (*altos, ténors, barytons* et *basse*) prennent la place du *quatuor* heureusement soutenu par les basses et les cuivres **p. pp.**. le tout sans préjudice de l'effet produit par le *dessin mélodique* qui se poursuit jusqu'à l'Allegro $\frac{3}{4}$ où commence le motif principal de l'ouverture.

MOYENNE FANFARE

§ 14.— Entre la *grande* et la *moyenne Fanfare* il n'y a de différence que la suppression du *saxophone sopranino*, du *saxophone basse* et des *timbales;* les deux derniers sont suffisamment remplacés par les *contrebasses* et la *caisse roulante*. L'absence du *saxophone sopranino* donne lieu à la modification suivante:

CHAPITRE IV

FANFARES SANS SAXOPHONES

§ **15.**—Les saxophones ne sont pas compris dans la composition instrumentale de cette Fanfare: c'est la seule différence qui la distingue de la *grande* et *moyenne Fanfare* qui en possèdent.

§ **16.**—Les procédés d'orchestration restent les mêmes à l'exception du mélange des timbres beaucoup plus restreint et auquel on doit suppléer par l'emploi raisonné des 2e et 4e groupes.

NOTA.—La *Fanfare sans saxophones* a ses partisans résolus, lesquels prétendent—non sans raison, peut-être—que sa composition unique en instruments de cuivre est plus homogène, partant plus conforme à son origine, tandis que d'autres au contraire admettent l'introduction des *saxophones* comme un progrès pour la diversité des effets à produire.

Sans prendre parti entre ces deux opinions, nous croyons qu'il est plus sage de laisser à chacun sa part d'initiative, et au mieux des intérêts de l'art musical.

FANFARES RESTREINTES et PETITES FANFARES

§ **17.**—Le nombre des exécutants dépend ici des ressources que les sociétés peuvent avoir à leur disposition, et ce n'est que très approximativement que l'on peut en fixer le chiffre.

Le tableau suivant est donné pour servir de base à une instrumentation conforme aux principes énoncés pages 6 & 7. §§ **1, 2, 3, 4, 5, 6, 7.**

FANFARE RESTREINTE

Groupe	Nombre	Instruments
I	2	Trompettes en Mi ♭ ou Fa
	2	Premiers Cornets en Si ♭ (dont un Solo)
	2	Seconds Cornets en Si ♭
	2	Cors en Mi ♭ ou Fa (*Ad lib.*)
	4	Trombones en Ut
II	1	Petit Bugle en Mi ♭
	1	Bugle Solo en Si ♭
	1	Premier Bugle en Si ♭
	2	Seconds Bugles en Si ♭
	3	Altos en Mi ♭
	2	Barytons en Si ♭
	1	Basse Solo en Si ♭
	3	Basses en Si ♭
	1	Contrebasse en Mi ♭
	2	Contrebasses en Si ♭
III	1	Timbales (une paire) *Ad lib.*

(30 exécutants)

PETITE FANFARE

Groupe	Nombre	Instruments
I	1	Trompette en Mi ♭ ou Fa (si possible)
	2	Cornets en Si ♭ (dont un Solo)
	2	Seconds Cornets en Si ♭
	2	Cors en Mi ♭ ou Fa (*Ad lib.*)
	3	Trombones en Ut
II	1	Petit Bugle en Mi ♭
	1	Bugle Solo en Si ♭
	1	Premier Bugle en Si ♭
	2	Seconds Bugles en Si ♭
	3	Altos en Mi ♭
	2	Barytons en Si ♭
	3	Basses en Si ♭ (dont un Solo au besoin
	1	Contrebasse en Mi ♭
	1	Contrebasse en Si ♭

(25 exécutants)

NOTA.—L'introduction des membres isolés de la famille des *saxophones* est plutôt nuisible à l'unité du matériel sonore; on doit s'en abstenir.

Les Timbales ajoutent une couleur de plus à l'ensemble instrumental, nous en conseillons l'emploi, au moins pour la *fanfare restreinte*. Les Cors pour celle-ci et la *petite fanfare* sont indiqués, autant pour encourager le maintien de ces instruments si remarquables par la douceur de leur timbre que par leur supériorité dans les *soli*, les *tenues*, les appels de chasse et la transcription exacte de leurs effets dans les œuvres de musique classique.

La *batterie* peut être tolérée dans les cas particuliers, mais avec une discrétion absolue. L'abus que l'on en fait est déplorable et il suffit d'appeler l'attention des Directeurs sur cette question, pour nous dispenser d'y insister davantage.

CONCLUSION

Nous sommes arrivé au point "*terminus*" de l'œuvre que nous avons entreprise pour l'étude des procédés d'*instrumentation* et d'*orchestration* à l'usage des "*Harmonies* et *Fanfares*".

La tâche était ardue, les matières compliquées. Pour laisser à cet ouvrage son véritable caractère, nous nous sommes inspiré des principes établis par nos éminents devanciers. De là le plan méthodique et progressif que nous avons conçu en multipliant les exemples de Maîtres dont l'autorité est indiscutable.

Les explications qui nous sont personnelles résultent de connaissances pratiques acquises pendant de longues années. Nous les avons présentées dans un langage clair et concis, mais non sans regret d'avoir négligé les beautés de la forme.

Quel sera l'accueil réservé à l'effort que nous avons tenté dans cette voie déjà parcourue. C'est le secret de l'avenir. Qu'il soit favorable ou non, nous aurons du moins la satisfaction d'avoir contribué au développement artistique de nos sociétés musicales. Ceux qui s'intéressent à leurs progrès nous en sauront gré. Là se borne toute notre ambition.

FIN DE LA TROISIÈME PARTIE

APPENDICE

NOTA.—La partition d'"Harmonie moyenne"(Voir page 49) est à peu près conforme à celle de la musique militaire et des sociétés civiles. Sa constitution lui permet d'interprèter la plupart des œuvres symphoniques d'une difficulté relative. Elle a de plus le précieux avantage de pouvoir accompagner les *masses chorales* dans nos grandes manifestations orphéoniques.

Il n'en est pas ainsi de l'"Harmonie restreinte" dont les ressources sont beaucoup plus limitées. Voici un aperçu approximatif de sa composition:

HARMONIE RESTREINTE

Instruments en bois et Saxophones		*Instruments en cuivre*	
Petite Flûte en Ré ♭	1	Trompette en Mi ♭	1
Grande Flûte	1	Cornets à pistons en Si ♭	2
Hautbois	1	Trombones	3
Petite Clarinette en Mi ♭	1	Bugles (Contraltos) en Si ♭	2
1res Clarinettes en Si ♭	4	Cors ou Altos en Mi ♭	2
Saxophone Alto en Mi ♭	4	Barytons (Saxhorns) en Si ♭	2
Saxophone Ténor en Si ♭	1	Basses en Si ♭	4
Saxophone Baryton en Mi ♭	1	Contrebasse en Mi ♭	1
		Contrebasse en Si ♭	1

BATTERIE

Caisse claire	1
Grosse Caisse	1
Cymbales (la paire)	1
Triangle	1

Total des exécutants 36

Les corps de musique, "Petites Harmonies", n'offrent pas un intérêt artistique suffisant. Ses détracteurs lui préfèrent la "Fanfare". Sans dédaigner ces modestes sociétés, nous laissons à ses partisans le soin de leur instrumentation.

ERRATA

Page 11 (1re Partie) Cor anglais, sons réels

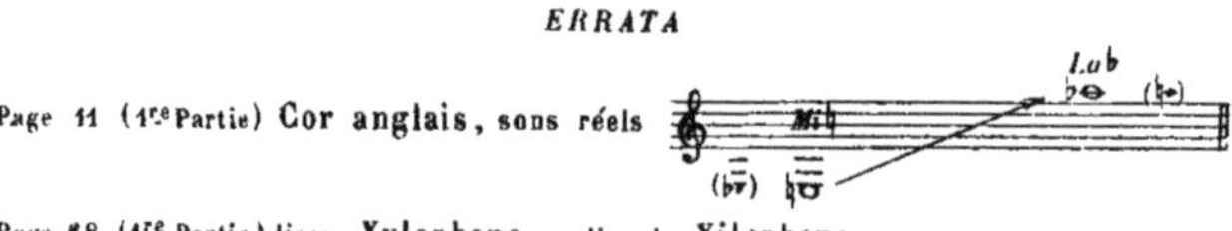

Page 68 (1re Partie) lisez Xylophone au lieu de Xilophone.

DEUXIÈME PARTIE

ORCHESTRATION

FIN DE LA DEUXIÈME PARTIE

TROISIÈME PARTIE

INSTRUMENTATION — FANFARES

FIN DE LA TROISIÈME PARTIE

TABLE DES EXEMPLES CITÉS DANS L'OUVRAGE

Auteurs	Œuvres		Nature de l'exemple	Editeurs	Volume	Pages
BEETHOVEN (L.V.)	Symphonie en ut min.	19 mes.	Mélange des Timbres	. . . . . .	II	13
»	*Egmont*, Ouverture	24 mes.	Grande Fanfare	. . . . . .	II	60 à 63
BERLIOZ (H.)	*La Damnation de Faust*, Marche Hongroise	17 mes.	Grosse Caisse	*Costallat & Cie*	I	65
BIZET (G.)	*L'Arlésienne*	12 mes.	Saxophone Alto	*Choudens*	I	25
»	»	7 mes.	[Transcriptions d'œuvres écrites pour le piano.]	»	II	22
»	*Carmen*	14 mes.	Clarinette	»	I	17
DELIBES (Léo)	*Lakmé*, Acte II, Entr'acte	8 mes.	Petite Flûte	*Heugel & Cie*	I	6
DUREAU (TH.)	Saint-Georges, Marche Solennelle	10 mes.	Basse Si♭	*Evette & Schaeffer*	I	55
GOUNOD (CH.)	*Cinq-Mars*, Cantilène	15 mes.	Bugle	*Grus*	I	48
»	*Polyeucte*, Ballet	5 mes.	[Transcriptions d'œuvres écrites pour le piano.]	*Lemoine & Cie*	II	19, 20, 21
LALO (E.)	*Le Roi d'Ys*, Aubade	6 mes.	Trombone à coulisse	*Heugel & Cie*	I	44
»	» Suite épisodique	5 mes.	Petit Bugle	»	I	47
MARÉCHAL (H.)	*Daphnis et Chloé*	14 mes.	Grande Flûte	*Grus*	I	8
»	»	9 mes.	Trompette à pistons	»	I	31
MASSENET (J.)	*Hérodiade*	9 mes.	Clarinette Alto	*Heugel & Cie*	I	21
»	»	5 mes.	Baryton Si♭	»	I	53
»	Marche Solennelle	8 mes.	Cornet à pistons	»	I	34
»	»	8 mes.	Trombone à coulisse	»	I	43
»	*Le Roi de Lahore*, Marche Céleste	4 mes.	Alto Mi♭	»	I	50
»	» » » »	4 mes.	»	»	I	51
»	» » » »	6 mes.	Triangle	»	I	66
MENDELSSOHN (F.)	*Ruy-Blas*, Ouverture	121 mes.	[Grande Harmonie et harmonie moyenne]	. . . . . .	II	25 à 54
MEYERBEER (G.)	*L'Africaine*	8 mes.	Jeu de Timbres	*Benoit*	I	67
»	»	5 mes.	Cuivres en groupe isolé	»	II	14
»	*Les Huguenots*, Ve Acte	11 mes.	Clarinette Basse	»	I	22
»	1re Marche aux Flambeaux	8 mes.	Contrebasse Si♭	*Joubert*	I	57
»	3e » » »	3 mes.	Trompette à pistons	»	I	30
»	*Le Prophète*	3 mes.	Timbales	*Benoit*	I	62
MOZART (W.)	*La Flûte enchantée*	5 mes.	Glockenspiel	. . . . . .	I	67
PARÈS (Gabriel)	Ouverture Solennelle	12 mes.	Cor anglais	*Lemoine & Cie*	I	11
PESSARD (Emile)	1er Solo de Concours	15 mes.	Trompette à pistons	*Evette & Schaeffer*	I	32
PFEIFFER (G.)	Solo de Concours	5 mes.	Trombone à coulisse	»	I	44
REICHA (A.)	Prélude	14 mes.	Dessins d'orchestre	. . . . . .	II	15
ROSSINI (G.)	*Guillaume Tell*, Ouverture	10 mes.	Saxophone Baryton	*Grus*	I	27
»	*Sémiramis* »	13 mes.	Cor à pistons	. . . . . .	I	38
SAINT-SAËNS (C.)	Danse Macabre	6 mes.	Hautbois	*Durand & Fils*	I	10
»	»	8 mes.	Xilophone	»	I	69
»	*Henry VIII*, Fantaisie	13 mes.	Hautbois	»	I	10
»	» Scène IV	16 mes.	Baryton Si♭	»	I	52
SCHUMANN (R.)	Chant du soir	29 mes.	Saxophones	. . . . . .	II	57
SELLENICK (AD.)	La Bavarde, Polka	17 mes.	Cornet à pistons	*Evette & Schaeffer*	I	35
»	Le Colibri	10 mes.	Petite Flûte	»	I	7
VERDI (G.)	*Rigoletto*, Fantaisie	12 mes.	Clarinette	*Grus*	I	18
»	*Le Trouvère*	10 mes.	Tam-Tam	*Benoit*	I	70
WAGNER (R.)	*Le Crépuscule des Dieux*, [Chant des Filles du Rhin]	33 mes.	Cor à pistons	*Schott Frères*	I	39
»	*Tannhaüser*, Marche	3 mes.	Trompette à pistons	*Durand & Fils*	I	30
»	*La Walkyrie*, Chevauchée	4 mes.	Basson	*Schott Frères*	I	13
WEBER (CH.-M.)	Concerto	8 mes.	Basson	. . . . . .	I	12
»	*Oberon*, Ouverture	9 mes.	Cor à pistons	. . . . . .	I	38

Paris, Imp. Delanchy-Dupré-Delamotte.

CATALOGUE SPÉCIAL D'OUVRAGES

POUR

L'ENSEIGNEMENT MUSICAL

SOLFÈGES, EXERCICES, TRAITÉS, DICTIONNAIRE

MÉTHODES & ÉTUDES

Pour le PIANO, tous les INSTRUMENTS et pour le CHANT

PUBLIÉS PAR

Alphonse LEDUC, ✻, O. ✻, ✻, Editeur, 3, rue de Grammont, Paris

Médaille d'Or à l'Exposition Universelle de Paris 1878, pour sa Bibliothèque **l'Enseignement Musical.**

SOLFÈGES

Prix nets.

CHANAT frères. **Petit Solfège** ou Manuel musical des enfants, contenant 26 chants religieux et autres, à 1, 2 et 3 voix (fᵗ in-16), 3ᵉ éd. 1 50

LEDUC (Alph.). **Solfège progressif** (fᵗ in-8°), 2ᵉ éd. 1 25

MÜLLER (L.). **Solfège pratique et théorique** à l'usage des collèges, pensionnats, séminaires, etc., contenant 60 chants, à 1, 2 et 3 voix (fᵗ in-16), 10ᵉ édition *(cartonné)*. 1 25

— **Le même Solfège** avec Accᵗ de Piano (fᵗ in-8°). 6 »

Le même, cartonné. . . . . 7 »

PITARCH (A.). **Petit Solfège des enfants** (fᵗ in-8°). 1 50

RODOLPHE. Solfège complet, nouvelle édition, dans laquelle les leçons trop hautes ont été baissées (fᵗ in-16). . . . . 2 »

— **Le même Solfège** complet, 1 vol. in-8°. . . . . 4 »

Le même, cartonné. . . . . 5 »

RODOLPHE. Solfège complet, à une voix. (Nouvelle édition revue par J. Arnoud) (fᵗ in-16). . 2 »

THÜRNER (A.). **Solfège** ou **Dictées des Rythmes** (fᵗ in-8°). 1 50

TROJELLI (A.). **Petit Solfège des écoles**, ouvrage approuvé par M. L. de Rillé (fᵗ in-16) . . . . . . » 50

VALENTI (A.). **Solfège** pour toutes les voix, dédié aux orphéons, écoles normales, lycées, collèges, etc. Dans ce solfège, la partie supérieure est écrite en clé de Sol, et la partie inférieure est en clé de Fa (fᵗ in-16).

Première partie 1 50

Deuxième partie 1 50

Les deux parties réunies 2 50

LEÇONS DE SOLFÈGE

Exercices, Dictées, etc.

ARNOUD (J.). **1.600 Exercices gradués de Lecture et de Dictées musicales.** *Intonation, Rythme, Tonalité*, en deux volumes (fᵗ in-16).

1ʳᵉ Partie, 1.000 Exercices. 1 50

2ᵉ Partie, 600 Exercices. 1 50

Les deux parties réunies. . . . . 3 »

— **50 Exercices d'ensemble** (fᵗ in-8°). 1 50

— **145 Leçons de Solfège** à 2 voix égales avec Accompᵗ de Piano, 1 vol. in-8°. . . . . 7 »

— **Cent Leçons de Solfège,** à 2 voix égales, sans accompagnement (format in-16) 1 25

DUVERNOY (H.). **90 Leçons mélodiques de Solfège** sur toutes les clés et les mesures connues, avec Accompagnement de Piano. Ouvrage adopté au Conservatoire National.

1ᵉʳ Livre : 30 leçons clés de Sol, 2ᵉ et Fa, 4ᵉ lignes. 3 50

2ᵉ Livre : 40 leçons clés d'Ut, 1ʳᵉ, 2ᵉ, 3ᵉ et 4ᵉ, Fa 3ᵉ et Sol 1ʳᵉ lignes. 3 50

3ᵉ Livre : 20 leçons à changements de clés (Emploi des 8 clés) 3 50

Les mêmes, sans Accompᵗ, réunis en 1 recueil (fᵗ in-16). 2 »

Chaque livre séparé. . . . . 1 »

— **Étude complète des intervalles,** *Mineurs, Majeurs et Justes*, avec Accompagnement de Piano, 1 vol. in-8°. 2 50

Prix nets.

THÜRNER (A.). **Dictées musicales d'intonation** (fᵗ in-8°). 1 50

Dictées des Rythmes (fᵗ in-8°) 1 50

RILLE (L. de). **Exercices de Chant,** à quatre parties, pour les orphéons et les sociétés chorales (fᵗ in-8°) 1 50

Chaque partie . . . . » 50

PLAIN-CHANT

DUVOIS (Ch.). Méthode théorique et pratique de l'**Accompagnement du Plain-Chant,** la plus complète et la plus claire de celles qui ont été écrites jusqu'à ce jour. . . . . 15 »

La même. Méthode élémentaire (fᵗ in-8°). 1 25

TRAITÉS

ARNOUD (J.). **Petite théorie de la Musique,** avec questionnaire . . . . » 50

CATEL. Traité d'Harmonie. Nouvelle édition, très complète, et conforme à l'édition du Conservatoire (fᵗ in-16) . . . . 2 »

CLODOMIR (P.). **Manuel du Chef-Directeur** *et des Exécutants* ou **Traité théorique et pratique** à l'usage des Musiques de **Fanfare et d'Harmonie.** — Cet ouvrage indispensable traite de chaque instrument, de son étendue, de son emploi, ainsi que de l'*Organisation et de la conduite de toutes les Musiques.* Il contient la figure de tous les instruments employés dans les musiques. 1 vol. (fᵗ in-16). . . . . 4 »

DURAND (E.). **Traité complet d'Harmonie,** 1ᵉʳ volume (fᵗ in-8°). Cet ouvrage est le plus clair et le plus complet qui ait été écrit jusqu'à ce jour. Il est en usage au Conservatoire de Paris et dans ses succursales, ainsi qu'aux Conservatoires de Belgique, de Suisse, etc. . . . . 25 »

— **Réalisations des leçons d'Harmonie, 2ᵉ** vol. (fᵗ in-8°). . . . . 12 »

— **Traité d'accompagnement au Piano,** 3ᵉ vol. (fᵗ in-8°). . . . . 18 »

— **Traité de Composition musicale** (fᵗ in-8°). . 20 »

— **Abrégé du Cours d'Harmonie** (fᵗ in-8°). . . 10 »

— **Réalisations des Leçons de l'Abrégé** (fᵗ in-8°). 5 »

— **Théorie Musicale** (fᵗ in-8°) . . . . 7 »

RICHERT (F.). **Cours théorique et pratique de musique vocale** (4ᵉ édition), contenant un exposé analytique et raisonné des principes de l'art du Chant et un abrégé de la théorie du Plain-Chant. 5 »

— **Traité élémentaire du Plain-Chant** (fᵗ in-8°). 1 25

DICTIONNAIRE

SOULLIER. Dictionnaire complet de musique (fᵗ in-16). 2 50

Volumes cartonnés (fᵗ in-16), en plus, net. . . . . . » 25

— (fᵗ in-8°), en plus, net. . . . . . » 50

Pour recevoir franco, envoyer le prix indiqué.

*Vient de paraître la 37ᵉ édition (170.000 exemplaires vendus) de la Célèbre Méthode de Piano d'*Alphonse **LEDUC.**

IMPRIMERIE CHAIX, RUE BERGÈRE, 20, PARIS. — 11712-6 05. — (Encre Lorilleux)

BIBLIOTHÈQUE LEDUC

COURS
THÉORIQUE & PRATIQUE
D'INSTRUMENTATION & D'ORCHESTRATION

A L'USAGE

DES SOCIÉTÉS DE MUSIQUE INSTRUMENTALE

HARMONIES & FANFARES

PAR

TH. DUREAU

PREMIER VOLUME : *Instrumentation*. (B. L. nº 381). Net. **8** fr.

SECOND VOLUME : { *Orchestration*. / *Fanfares*. . . } (B. L. nº 382). Net. **7** fr.

ALPHONSE LEDUC
(ÉMILE LEDUC, P. BERTRAND ET Cie)
3, rue de Grammont, PARIS

Nº 382.

CATALOGUE SPÉCIAL D'OUVRAGES

POUR

L'ENSEIGNEMENT MUSICAL

SOLFÈGES, EXERCICES, TRAITÉS, DICTIONNAIRE

MÉTHODES & ÉTUDES

Pour le PIANO, tous les INSTRUMENTS et pour le CHANT

PUBLIÉS PAR

Alphonse LEDUC, ✻, O. ✿, ⊠, Editeur, 3, rue de Grammont, Paris

Médaille d'Or à l'Exposition Universelle de Paris 1878, pour sa Bibliothèque **l'Enseignement Musical.**

SOLFÈGES

Prix nets.

CHANAT frères. **Petit Solfège** ou Manuel musical des enfants, contenant 26 chants religieux et autres, à 1, 2 et 3 voix (fᵗ in-16), 3ᵉ éd. 1 50
LEDUC (Alph.). **Solfège progressif** (fᵗ in-8°), 2ᵉ éd. 1 25
MÜLLER (L.). **Solfège pratique et théorique** à l'usage des collèges, pensionnats, séminaires, etc., contenant 60 chants, à 1, 2 et 3 voix (fᵗ in-16), 10ᵉ édition *(cartonné)*. 1 25
— **Le même Solfège** avec Accᵗ de Piano (fᵗ in-8°). 6 »
Le même, cartonné. . . . . 7 »
PITARCH (A.). **Petit Solfège des enfants** (fᵗ in-8°). 1 50
RODOLPHE. Solfège complet, nouvelle édition, dans laquelle les leçons trop hautes ont été baissées (fᵗ in-16). . . . . 2 »
— **Le même Solfège** complet, 1 vol. in-8°. . . . . 4 »
Le même, cartonné. . . . . 5 »
RODOLPHE. Solfège complet, à une voix. (Nouvelle édition revue par J. Arnoud) (fᵗ in-16). . . 2 »
THÜRNER (A.). **Solfège** ou **Dictées des Rythmes** (fᵗ in-8°). 1 50
TROJELLI (A.). **Petit Solfège des écoles**, ouvrage approuvé par M. L. de Rillé (fᵗ in-16) . . . . . . » 50
VALENTI (A.). **Solfège** pour toutes les voix, dédié aux orphéons, écoles normales, lycées, collèges, etc. Dans ce solfège, la partie supérieure est écrite en clé de Sol, et la partie inférieure est en clé de Fa (fᵗ in-16).
Première partie 1 50
Deuxième partie 1 50
Les deux parties réunies 2 50

LEÇONS DE SOLFÈGE

Exercices, Dictées, etc.

ARNOUD (J.). **1.600 Exercices gradués de Lecture et de Dictées musicales.** *Intonation, Rythme, Tonalité*, en deux volumes (fᵗ in-16).
1ʳᵉ Partie, 1.000 Exercices. 1 50
2ᵉ Partie, 600 Exercices. 1 50
Les deux parties réunies. . . . . 3 »
— **50 Exercices d'ensemble** (fᵗ in-8°). 1 50
— **145 Leçons de Solfège** à 2 voix égales avec Accompᵗ de Piano, 1 vol. in-8°. . . . . 7 »
— **Cent Leçons de Solfège**, à 2 voix égales, sans accompagnement (format in-16) 1 25
DUVERNOY (H.). **90 Leçons mélodiques de Solfège** sur toutes les clés et les mesures connues, avec Accompagnement de Piano. Ouvrage adopté au Conservatoire National.
1ᵉʳ Livre : 30 leçons clés de Sol, 2ᵉ et Fa, 4ᵉ lignes. 3 50
2ᵉ Livre : 40 leçons clés d'Ut, 1ʳᵉ, 2ᵉ, 3ᵉ et 4ᵉ, Fa 3ᵉ et Sol 1ʳᵉ lignes. 3 50
3ᵉ Livre : 20 leçons à changements de clés (Emploi des 8 clés) 3 50
Les mêmes, sans Accompᵗ, réunis en 1 recueil (fᵗ in-16). 2 »
Chaque livre séparé. . . . . 1 »
— **Étude complète des intervalles,** *Mineurs, Majeurs et Justes*, avec Accompagnement de Piano, 1 vol. in-8°. 2 50

Prix nets.

THÜRNER (A.). **Dictées musicales d'intonation** (fᵗ in-8°). 1 50
Dictées des Rythmes (fᵗ in-8°) 1 50
RILLE (L. de). **Exercices de Chant,** à quatre parties, pour les orphéons et les sociétés chorales (fᵗ in-8°) 1 50
Chaque partie . . . . » 50

PLAIN-CHANT

DUVOIS (Ch.). Méthode théorique et pratique de **l'Accompagnement du Plain-Chant,** la plus complète et la plus claire de celles qui ont été écrites jusqu'à ce jour. . . . . 15 »
La même. Méthode élémentaire (fᵗ in-8°). 1 25

TRAITÉS

ARNOUD (J.). **Petite théorie de la Musique,** avec questionnaire . . . . » 50
CATEL. Traité d'Harmonie. Nouvelle édition, très complète, et conforme à l'édition du Conservatoire (fᵗ in-16) . . . . 2 »
CLODOMIR (P.). **Manuel du Chef-Directeur** *et des Exécutants* ou **Traité théorique et pratique** à l'usage des Musiques de **Fanfare et d'Harmonie.** — Cet ouvrage indispensable traite de chaque instrument, de son étendue, de son emploi, ainsi que de l'*Organisation et de la conduite de toutes les Musiques*. Il contient la figure de tous les instruments employés dans les musiques. 1 vol. (fᵗ in-16). . . . . 4 »
DURAND (E.). **Traité complet d'Harmonie,** 1ᵉʳ volume (fᵗ in-8°). Cet ouvrage est le plus clair et le plus complet qui ait été écrit jusqu'à ce jour. Il est en usage au Conservatoire de Paris et dans ses succursales, ainsi qu'aux Conservatoires de Belgique, de Suisse, etc. . . . . 25 »
— **Réalisations des leçons d'Harmonie,** 2ᵉ vol. (fᵗ in-8°). . . . . 12 »
— **Traité d'accompagnement au Piano,** 3ᵉ vol. (fᵗ in-8°). . . . . 18 »
— **Traité de Composition musicale** (fᵗ in-8°). . 20 »
— **Abrégé du Cours d'Harmonie** (fᵗ in-8°). . . 10 »
— **Réalisations des Leçons de l'Abrégé** (fᵗ in-8°). 5 »
— **Théorie Musicale** (fᵗ in-8°) . . . . 7 »
RICHERT (F.). **Cours théorique et pratique de musique vocale** (4ᵉ édition), contenant un exposé analytique et raisonné des principes de l'art du Chant et un abrégé de la théorie du Plain-Chant. 5 »
— **Traité élémentaire du Plain-Chant** (fᵗ in-8°). 1 25

DICTIONNAIRE

SOULLIER. Dictionnaire complet de musique (fᵗ in-16). 2 50

Volumes cartonnés (fᵗ in-16), en plus, net. . . . . » 25
— (fᵗ in-8°), en plus, net . . . . . . » 50

Pour recevoir franco, envoyer le prix indiqué.

*Vient de paraître la 37ᵉ édition (170.000 exemplaires vendus) de la Célèbre Méthode de Piano d'***Alphonse LEDUC.**

IMPRIMERIE CHAIX, RUE BERGÈRE, 20, PARIS. — 11752-6-05. — (Encre Lorilleux).

www.ingramcontent.com/pod-product-compliance
Ingram Content Group UK Ltd.
Pitfield, Milton Keynes, MK11 3LW, UK
UKHW020608180726
13838UKWH00001B/494